Die spinnen, die Spanier

Die spinnen, die Spanier

Eine Studie über das Alltagsverhalten der Iberer in ihrer natürlichen Umgebung

von

Lukas Rottnick

Bibliographische Information der Deutschen Nationalbibliothek:
Die Deutsche Nationalbibliothek verzeichnet diese
Publikation in der Deutschen Nationalbiographie, detaillierte
bibliographische Daten sind im Internet über
http://dnb.dnb.de abrufbar

©2013 Lukas Rottnick
Herstellung und Verlag:
BoD – Books on Demand, Norderstedt

ISBN: 978-3-7322-9082-6

Inhaltsverzeichnis

                                                Seite

    Vorwort 3
    Drei Jahre in Europas wildem Süden

1. Fürsorge an der falschen Stelle 6
    Familie und Freunde

2. Tarot-Karten, Realityshows und Telenovelas 13
    Fernsehen gegen Langeweile in der Partnerschaft

3. Und wenn sie nicht gestorben sind, zahlen sie noch heute 20
    Ursachen und Folgen der Immobilienkrise

4. Keuschheit, Rockmusik und Elektrokerzen 27
    Über die katholische Kirche und ihre katholischen Gegner

5. Essen und Trinken 35
    ...zumindest wenn man an die Reihe kommt

6. Fiesta 41
    Auf die Jungfrau der Matrosen wird auch in den Bergen getrunken

7. Warum in Spanien einfach kein Meister vom Himmel fallen will 47
    Fremdsprachen, Schule und Berufsausbildung

8. Von der Unmöglichkeit, sich mit ADSL ins Internet einzuwählen 55
    Das Verhalten der Spanier am Arbeitsplatz, Teil I

9. Ehrenwertes Lügen 63
    Das Verhalten der Spanier am Arbeitsplatz, Teil II

10. Ein Witz jagt denselben 70
    Spanischer Humor

11. Eigentum gehört allen 76
    Warum die Lokalpolizei Diebstahl nicht verfolgt

12. Verwaltung und Recht 82
    Ziviler Ungehorsam und Flexibilität als Leitbilder

13. Föderalismus und Separatismus 89
    Von Stieren und Eseln

Seite

14. Autos und sonstige Verkehrsmittel... 96
    Warum Spanier zwar gerne Flughäfen bauen, aber trotzdem nicht fliegen
15. Sport und Körperkult.. 103
    Tätowierte Streifenhörnchen auf Diät
16. Eine Nation gibt den Vogel Strauß.. 110
    Positives Denken mit negativen Folgen
17. Spanien, Spanien über alles... 117
    ...und vor allem über Marokko und die Kolonien
18. Mein Saragossa... 123
    (K)eine Hommage

    Schlussbetrachtungen... 130
    Sind Spanier und Deutsche kompatibel?

Vorwort

Drei Jahre in Europas wildem Süden

Kulturelle Unterschiede zwischen den Nationen werden überschätzt. Sie werden aus rein egoistischen Motiven heraus von denjenigen hochgehalten, die ihr Geld mit dem Schreiben von Reiseführern oder schlauen Büchern über die Lebensweise in fremden Ländern verdienen. So dachte ich zumindest, bevor ich nach Spanien auswanderte. In der Folge meiner etwas naiven Überlegungen hatte ich nämlich das Angebot akzeptiert, für einen großen deutschen Schuh-Einzelhändler zu arbeiten, welcher gerade dorthin expandierte.

Es ging dann auch bald los, und nach einem kürzeren Zwischenspiel im recht weltstädtischen Madrid verschlug es mich als Filialleiter nach Saragossa in der nördlichen spanischen Provinz Aragonien. In Aragonien traf mich der Kulturschock dann mit voller Wucht, was für mich umso überraschender war, als ich in jüngeren Jahren während des Studiums für einen längeren Zeitraum auf dem amerikanischen Kontinent in Uruguay gelebt und mich dort nie fremd oder anders gefühlt hatte.

Nach einem Jahr in Saragossa wurde ich Ausbildungsleiter und in die katalonische Hauptstadt Barcelona versetzt. Durch die damit verbundene intensive Reisetätigkeit lernte ich bald auch alle anderen spanischen Provinzen kennen. Eingedenk der Tatsache, dass der ehrenwerte Beruf des Schuhverkäufers seit Al Bundy leider ein wenig in Misskredit geraten ist und mir Barcelona auch nicht sonderlich gefiel, hing ich die Schuhe jedoch an den Nagel und kehrte in meinem dritten spanischen Jahr nach Saragossa zurück, um an einer katholischen Universität einen Masterstudiengang in Unternehmensführung zu belegen.

Alle diese Tätigkeiten haben es mir ermöglicht, die spanische Seele und ihre Abgründe aus verschiedenen Blickwinkeln und in verschiedenen Situationen zu betrachten.

Um besser mit dem neuen Leben in der Fremde umgehen zu können, fing ich auch schon bald damit an, die Erlebnisse aufzuschreiben, die mir komisch oder befremdlich erschienen oder einer Art dadaistischem Paralleluniversum hätten entsprungen sein können. Im Ergebnis entstand dieses Buch - eine weitere unter den unzähligen Abhandlungen über das Leben in einem fremden Land, die aber hoffentlich humorvoll gehalten ist und sich vor allem den merkwürdigen Seiten Spaniens widmet.

Während des Schreibens ergaben sich dann zwei sehr unterschiedliche Kapitelarten: Einige Kapitel umschreiben die Lebensart der Spanier und Situationen des Alltags. Sie zeichnen das Bild einer ziemlich chaotischen Gesellschaft, für die man aber dennoch Sympathien entwickelt, wenn man sie besser kennen lernt. Der Grundton des zweiten Kapiteltyps fällt dagegen deutlich kritischer aus: Während in Deutschland schon länger darüber *gerätselt* wird, warum die Jungs und Mädels im Süden und insbesondere in Spanien trotz Hilfe wirtschaftlich einfach nichts hinbekommen, *weiß* derjenige, der hier lebt, warum sie nichts hinbekommen. In diesem Buch wird also auch der Versuch unternommen, die Gründe der ökonomischen Schwierigkeiten auf der iberischen Halbinsel offen zu legen.

Wer nun Sarkasmus nicht mag oder der Meinung ist, dass es sich nicht gehört, sich als Gast über die vorherrschenden (Un-)Sitten in einem anderen Land lustig zu machen, und als deutscher Gast schon gar nicht, sollte dieses Buch nicht lesen. Wenn ich in der Konsequenz der Veröffentlichung dieser Zeilen für den Rest meines Lebens mit Salman Rushdie und anderen aus intoleranten Ländern geflüchteten Schriftstellern im verregneten englischen Exil verbringen muss, so ist das schließlich meine Sache.

Natürlich gäbe es auch viel Positives über Spanien zu berichten, und zwar jenseits der gängigen Klischees von Sonne, Strand und Fiesta. Überraschenderweise fahren in Spanien zum Beispiel die Züge pünktlich, und die Verwaltungswege für den

Bürger sind kurz und effizient. Haben die Menschen einen hier erst einmal ins Herz geschlossen, was allerdings lange dauert, so sind sie zu in nördlichen Gefilden unbekannten Dimensionen menschlicher Wärme fähig, und sie neigen auch viel eher zu wirklicher Lebensfreude, als die nachdenklichen Deutschen. Über all diese Dinge will ich hier aber höchstens am Rande berichten, denn dieses Buch ist kein Reiseführer, sondern beschreibt, warum Spanier wann und wie spinnen.

Saragossa im Juli 2012   L. R.

1. Fürsorge an der falschen Stelle

Familie und Freunde

Der Zusammenhalt in einer spanischen Familie wird im Ausland oft als vorbildlich bezeichnet. Das Wort „Familie" bezieht sich dabei nicht nur auf die Kernfamilie mit Eltern, Geschwistern, Kindern und Haustieren, sondern umfasst auch den regelmäßigen und intensiven Kontakt mit Tanten, Schwiegereltern, Neffen und ähnlichem. Wie ernst es den Spaniern auch mit ihren entfernteren Verwandten ist, zeigt zum Beispiel, dass fast jeder Tarifvertrag bei Krankheit, Operation oder Unfall eines Verwandten zweiten Grades Freistellungen vorsieht, was manchmal zu recht abstrusen Situationen führen kann: Wenn ich mir in einem Krankenhaus im Rahmen eines zweiminütigen operativen Eingriffs einen Leberfleck entfernen lasse und am nächsten Tag wieder ganz normal zur Arbeit gehe, sehen viele Tarifverträge vor, dass meine Onkel, Tanten und Neffen einige Tage bezahlten Sonderurlaub bekommen, um mir nach meiner schweren Operation von zu Hause aus moralisch beizustehen.

Aber auch jenseits von fragwürdigen gesetzlichen Regelungen sind Spanier gegenüber ihrer Familie wahrhaft großzügig. Haben einige Familienmitglieder gerade Erfolg, helfen sie den anderen, denen es gerade nicht so gut geht, selbstlos über die Runden. Gerade in der aktuellen Krise ist dies ein wesentlicher Grund dafür, dass die spanische Wirtschaft noch nicht völlig kollabiert ist, denn trotz allem hat irgendwer immer gerade ein bisschen Erfolg.

Kinder sind in Spanien überall und vor allem zu jeder Zeit mit von der Partie. Wer gegen Mitternacht durch die Bars streift, trifft dort jede Altersklasse, beginnend bei Kindern ab 2 Jahren. Eine generell gültige Zeit für die Bettruhe gibt es nicht. Dies weist aber keineswegs daraufhin, dass Spanier ihre Kinder verwahrlosen lassen. Hier zeigt sich vielmehr die Überfürsorge der Eltern, die sich nicht vorstellen können, dass ihre Kinder an irgendeinem Ort außer bei ihnen in Sicherheit sind, zum Beispiel im Bett. Stattdessen verbringen Kinder ihre Abende mit betrunkenen Erwachsenen. Diese seltsame Form der Überfürsorge kann auch an anderen Verhaltensweisen beobachtet werden: In Saragossa wohne ich direkt neben einer Schule und kann jeden Morgen sehen, wie die Eltern ihre schon fast pubertierenden Kinder noch immer auf dem Schulweg begleiten. Auch eine Freundin bringt ihren zehnjährigen Sohn jeden Tag den 200 Meter weiten Weg bis zur Schule, da ja immerhin zwei Straßen überquert werden müssen und in der Zeitung ständig etwas von Schießereien, Raubüberfällen und Kindesentführungen steht. Nach meinen Erfahrungen sind diese Vorfälle im beschaulichen Saragossa zwar eher selten. Als ich aber einmal selbst das Vergnügen hatte, den Sohn meiner Freundin auf dem Schulweg zu begleiten, weil sie verhindert war und mich ausdrücklich darum gebeten hatte, hatte mich die allgemeine Hysterie um das Hüten der Kinder schon angesteckt, und ich war froh, als ich das Kind in der Schule und damit in Sicherheit abgegeben hatte.

Mit der Fürsorge ist in der Tat nicht alles Gold, was glänzt, und die Problematik lässt sich in folgendem Satz zusammenfassen: In Spanien beschützt die Familie einen vor dem wirklichen Leben, in Deutschland bereitet sie einen darauf vor.

Während meiner Zeit als Filialleiter habe ich in diesem Zusammenhang oft Geschichten von Kollegen gehört, die aus verschiedenen Gründen Ermahnungen oder Entlassungen aussprachen. Nicht selten passierte es dabei, dass sich die jungen Spanierinnen und Spanier, denen es an den Kragen gehen sollte, von Eltern, Brüdern oder Schwestern begleiten ließen, die dann ihrerseits versuchten, unserem Filialleiter den Kopf zu waschen. Auch mir ist eine solche Szene nicht erspart geblieben: Der Vater einer 26jährigen Mitarbeiterin, die mich eigentlich im Guten und auf eigenen Wunsch verließ und der ich sogar Blumen zum Abschied schenkte, stand plötzlich vor mir und drohte damit, mich zu verklagen, da es in Spanien Gesetz sei, die beim Ausscheiden zur Liquidierung des Arbeitsverhältnisses noch ausstehende Geldsumme per Scheck auszuhändigen und nicht zu überweisen, wie die Firma es tat. Aufgrund dieser Szene, die sich vor mir abspielte, war ich völlig perplex und konnte nur etwas von meiner Unzuständigkeit stammeln, bevor der wütende Vater, der auch vorgab, Rechtsanwalt zu sein, wieder verschwunden war. Auch wenn ich der Mitarbeiterin wirklich gerne geholfen hätte, habe ich bis heute nicht verstanden, was die Anwesenheit der Eltern eigentlich bewirken soll. „Ich kann dir eigentlich nicht helfen, aber da du deine Eltern mitgebracht hast, werde ich meine Schuhverkäufer-Superkräfte anwenden, um mich über die Administrationsanweisung der Firma hinwegzusetzen und einen Scheck aus der Hosentasche hervorzuzaubern(?)." Ein solcher Gedankengang muss einem Mitteleuropäer, der in der Regel mit 26 Jahren schon lange zu Hause ausgezogen ist und seine Angelegenheiten selbst regelt, zwangsläufig sehr merkwürdig erscheinen.

Unselbständiges Verhalten wird dabei schon von Kindesbeinen an gefördert, denn bei schlechten Noten oder Fehlverhalten in der Schule wird von den Eltern nicht etwa das Kind verantwortlich gemacht, sondern der Lehrer. Ob richtig oder falsch, grundsätzlich gilt, dass der Chef die Schuld am schlechten Betragen der Tochter am Arbeitsplatz hat, der Lehrer an den schlechten Noten der Kinder, die Pflegerin am renitenten Auftreten der starrköpfigen Großeltern.

Derart behütet und abgeschirmt können viele sympathische Menschen kaum mit den Widrigkeiten des Lebens umgehen. Dass zum Beispiel am Arbeitsplatz meist diejenigen gewinnen, die sich beim Chef beliebt machen und niemals eine Anweisung in Frage stellen, kommt für viele junge Menschen völlig überraschend. Ich habe nicht selten gesehen, wie Mittzwanziger über schlechte Erfahrungen, die ein Deutscher schon in viel jüngeren Jahren macht, in eine tiefe Sinnkrise stürzen.

Auch habe ich viele intelligente junge Spanier kennen gelernt, die in Deutschland studiert hätten, in Spanien aber dazu gezwungen sind, am Existenzminimum zu leben. Niemand hat diese Menschen gefördert und gefordert oder mit Druck und dem richtigen Leben in Kontakt gebracht, weswegen sie keinerlei Abschluss vorweisen können und mit leeren Händen dastehen. Wert auf eine gute Ausbildung zu legen oder die Kinder auf schwierige Situationen im Leben vorzubereiten, ist als Erziehungspraxis oftmals einfach nicht üblich.

Die seltsame Form der Fürsorge spanischer Eltern zeigt sich auch in Bezug auf die Partnerschaften ihrer Kinder: Wer eine spanische Freundin hat, braucht sich um einen Besuch bei den zukünftigen Schwiegereltern keine Sorgen zu machen, denn er wird lange Zeit gar nicht erst eingeladen. Bis eine Einladung der Schwiegereltern vorliegt, sprechen auch die jungen Spanierinnen selten davon, einen festen Freund (*novio*) zu haben. Wenn es noch nicht stramm auf die Ehe zugeht, wird der junge Mann oft als *amigo con derecho a roce* bezeichnet, als „Verehrer mit dem Recht auf Anfassen".

Diese Handhabung ist ein Relikt der katholischen Geschichte Spaniens. Dass die Eltern heute nicht mehr darüber entscheiden, mit wem sie ihre jungfräuliche Tochter verheiraten, verdrängen sie dadurch, dass sie ihre Verehrer solange ignorieren, bis die Beziehung wirklich sehr ernst wird. Ist es soweit, dass eine Einladung der Eltern der Freundin inklusive Übernachtung vorliegt, wird das Paar in getrennten Zimmern oder zumindest in getrennten Betten untergebracht. Dies ermöglicht den Eltern bis zum Schluss, darüber hinwegzusehen, dass ihre Tochter eventuell Sex vor der Ehe gehabt haben könnte. Angesichts der Tatsache, dass die Wände in spanischen Wohnungen nicht gerade geräuschisolierend wirken, sind so viele Vorsichtsmaßnahmen aber eigentlich gar nicht nötig. Mit der Familie nebenan hätte man sowieso keine Lust... Da die meisten jungen Leute nun sehr lange bei ihren Eltern leben, tut sich diesbezüglich aber ein gar nicht so unbedeutendes Problem auf: Wohin soll man für intime Momente gehen? Oft bleibt tatsächlich nur der Weg in ein Hotel. Ob es dabei aus Sicht der Eltern wirklich sinnvoll ist, mit ihrem abweisenden Verhalten zu bewirken, dass sich die Tochter statt zu Hause lieber draußen mit fremden Männern herumtreibt, sei allerdings dahingestellt.

Als kleiner Einschub sei hier noch ein weiteres Überbleibsel der katholischen Vergangenheit Spaniens erwähnt: die lustigen Vornamen vieler Spanierinnen, vor allem der älteren Semester. Noch Mitte des 20. Jahrhunderts beliebte Namen waren zum Beispiel *Purificación*, was so viel wie Reinigung oder Läuterung bedeutet, oder *Pureza* - die Reinheit. Weitere Highlights sind *Exaltación*, die Lobpreisung, und *Consuelo*, der Trost. Mein persönlicher Favorit ist jedoch *Visitación*, was mit Erscheinung, bei einer böswilligen Auslegung aber auch mit Heimsuchung übersetzt werden kann und somit der perfekte Name für eine Schwiegermutter oder Ehefrau wäre. Ein etwas makaberes Vergnügen von mir war es lange Zeit, die Todesanzeigen in spanischen Zeitungen zu lesen und nach solchen Vornamen zu durchsuchen.

Auch die jüngeren Spanierinnen haben übrigens noch religiöse Vornamen, wenn auch nicht mehr ganz so kreative: Von zehn Studentinnen meines Masterstudienganges hießen fünf *Maria*, in ganz Spanien tragen statistisch betrachtet etwas mehr als jede vierte Frau und auch einige Männer diesen Namen. Um zu verhindern, dass beim Aufrufen von Maria alle Anwesenden im Saal aufstehen, tragen die Marias meistens noch einen zweiten Namen oder ein Namensanhängsel, etwa *Maria Jesus* oder *Maria de los Angeles* (Maria von den Engeln). Eine Freundin mit dem Namen *Conchi* brauchte drei Jahre, um mir zu gestehen, dass die Kurzform ihres Namens nicht von *Conchita* abgeleitet wird, wie ich eigentlich dachte, sondern von *Maria de la Inmaculada Concepción*, Maria von der unbefleckten Empfängnis.

Über den Familienkreis hinaus lernen Spanier die Mehrzahl ihrer Freunde meist schon im Kindergarten oder in der Grundschule kennen. Mit diesen *amigos de toda la vida*, einer Gruppe von Freunden, die man schon das ganze Leben lang kennt, unternehmen sie an all den Tagen etwas, die nicht für die Familie reserviert sind. Sie fahren mit ihnen auch einmal im Jahr in den Urlaub ans Mittelmeer (Da viele Spanier nicht gerne reisen, ziehen sie auf der Landkarte eine schnurgerade Linie, um exakt den Strand zu ermitteln, der am wenigsten weit von ihnen entfernt ist, und verbringen dort dann den Sommer - für die Bewohner Saragossas ist dies etwa *Salou* in Katalonien.) und heiraten auch nicht selten einen von ihnen oder zumindest einen der Freunde ihrer Sandkastenfreunde. Dies hat für Fremde den großen Nachteil, dass der Freundeskreis eines Spaniers nach der Schule im Grunde genommen saturiert ist, weshalb er sich für alle anderen Menschen nicht interessiert. Das Vorurteil der kontaktfreudigen und gastfreundlichen Iberer bezieht sich daher nur auf Oberflächlichkeiten, denn neben den zahlreichen Pflichtterminen mit Cousins und Cousinen, Neffen, Tanten und den *amigos de toda la vida* bleibt einfach keine Zeit für die Pflege tiefergehender anderer Freundschaften. Die spanische Familien- und Gesellschaftsstruktur ist also immer noch erzkonservativ, und im Vergleich dazu sind Deutsche bei der Entscheidung, mit wem sie ihre Zeit verbringen möchten, viel freier.

Von den vielen, teilweise schon jahrelang in Spanien lebenden Ausländern, die ich im Laufe der Zeit kennen gelernt habe, hatte so auch fast niemand eine größere Anzahl spanischer Freunde. Eine Ausnahme von der Regel sind die Spanier, die selbst ihre Heimatregion verlassen haben, um auswärts zu studieren oder zu arbeiten. Mit diesen kommt man leichter in Kontakt, da sie in einer ähnlichen Situation sind wie Ausländer. Diese Spanier fahren dann *nur* an fast jedem Wochenende zur Familie und zu den Sandkastenfreunden zurück. Dies tun sie dann aber auch bis ins hohe Alter.

Wer sich hier verliebt, muss schließlich damit rechnen, dass er nicht nur eine Person, sondern eben gleich eine ganze Familie heiratet. Dies bedeutet, dass die entsprechenden Verpflichtungen à la sonntägliches Essen mit den Schwiegereltern oder Babysitting für die Kinder des Bruders der Frau sprunghaft zunehmen - so abweisend eine spanische Familie vor der Formalisierung einer Beziehung sein kann, so schwierig ist es, danach noch Zeit ohne sie zu verbringen. Wem eine Großfamilie nicht liegt, der sollte sich dies vorher also gut überlegen.

Engere Freundschaften sind schließlich trotz allem auch in Spanien möglich, und haben einen die Spanier unter sich akzeptiert, ist der Kontakt enger und besser als mit Freunden in Deutschland. Aber bis es dazu kommt, braucht es eben sehr viel länger, als es das Bild des gastfreundlichen, offenen und unternehmenslustigen Spaniers suggerieren könnte, welches Ausländer bisweilen haben.

2. Tarot-Karten, Realityshows und Telenovelas

Fernsehen gegen Langeweile in der Partnerschaft

Als ich in Deutschland studierte, wurde ich auf postalischem Wege und an der Haustür bedroht. Die Drohungen erfolgten keineswegs anonym, es bekannte sich dazu vielmehr eine Organisation namens „GEZ". Eigentlich wollte ich schon der Polizei melden, dass eine kriminelle Vereinigung von mir in regelmäßigen Abständen ein Schutzgeld für den Besitz von Rundfunkgeräten zu erpressen versucht. Da ich diese allerdings weder besaß noch besitzen wollte und dann auch nach Spanien umzog, war ein polizeiliches Vorgehen nicht mehr nötig. Auf der iberischen Halbinsel habe ich tatsächlich auch keine Drohbriefe mehr erhalten, denn obwohl ich hier über einen Fernseher verfüge, weil dies zur Standardausstattung der meist möblierten Mietwohnungen gehört, existieren Fernsehgebühren nicht. Die Kosten für den Unterhalt der öffentlichen Sender werden vielmehr aus den allgemeinen Steuern beglichen. Dies wird in einem in Spanien äußerst seltenen Fall von Einsicht und Selbsterkenntnis damit begründet, dass man sich nicht in der Lage sieht, die Zwangsabgabe so effizient einzutreiben, dass mit den Einnahmen neben einer für den Gebühreneinzug zuständigen Behörde tatsächlich auch noch einige Fernsehsender unterhalten werden könnten.

Wenn ich über den Finanzierungsbedarf für „einige Fernsehsender" spreche, dann meine ich damit neben fünf nationalen Sendern auch regionale öffentliche Kanäle, und fast jede Region besitzt davon mehrere. Das Baskenland etwa hält für seine knapp 2,2 Mio. Einwohner drei öffentliche Fernsehsender bereit. Die bereits beschlossene Gründung eines vierten Senders wurde durch die Wirtschaftskrise erstaunlicherweise erst einmal verschoben. Murcia, eine der ärmsten Regionen Spaniens mit 1,5 Mio. Einwohnern leistet sich immerhin zwei öffentliche Regionalsender, und auch das kleine Navarra (650.000 Einwohner) hatte bis vor kurzem noch zwei

Kanäle. Das Ganze ist ja auch logisch, denn da Spanien viel weniger Einwohner hat als Deutschland, braucht es natürlich auch mehr Fernsehsender. Neben zahlreichen weiteren Faktoren, auf welche ich später noch kommen werde, haben wir hier also ein erstes, einen eventuellen spanischen Staatsbankrott konstituierendes Element: das öffentliche Fernsehen.

Neben den staatlich organisierten Sendern existiert natürlich auch noch eine Fülle von privaten Formaten bis hinunter auf die Stadtebene. Eigene Fernsehkanäle haben beispielsweise die Städte Malaga, Saragossa, Granada, Ceuta (82.000 Einwohner) und Melilla (78.000 Einwohner).

Aufgrund der Zersplitterung der spanischen Fernsehlandschaft ist es nun für die meisten privaten Kanäle und auch für einige öffentliche Sender kaum möglich, ein niveauvolles Programm oder auch nur überhaupt irgendein Programm auszustrahlen. Dies spiegelt sich zunächst einmal in der Zahl und Dauer der Werbepausen wider: Während die Programme in Deutschland des Öfteren von längeren Werbepausen unterbrochen werden, werden in Spanien die Werbepausen manchmal von mehr oder weniger langen Programmen unterbrochen.

Außerdem wird sehr viel auf Sendeplatzhalter zurückgegriffen. So werden etwa auf den privaten Kanälen zu allen Tages- und Nachtzeiten Tarot-Karten gelegt. Bei Restalkohol und verminderter Aufnahmefähigkeit nach einer durchzechten Nacht haben mich die Hobby-Wahrsager in bunten Kostümen, die meist vergeblich darauf warten, dass endlich irgendjemand anruft, dem sie seine Zukunft voraussagen können, immer sehr erheitert. Jenseits dieses Zustandes sind die Tarot-Kartenleger allerdings weniger unterhaltsam.

Auch die öffentlichen Regionalsender kennen Sendeplatzhalter: Eine besondere Form des Überbrückens von Lücken im Programm haben sich die öffentlichen baskischen Fernsehstationen ausgedacht, die fast den ganzen Tag den baskischen Nationalsport *Pelota* zeigen. *Pelota* („Ball") ist eine

Art Schlagball ohne Schläger, denn da die Basken sich selbst und der Welt beweisen müssen, dass sie sich von anderen Menschen in allen wesentlichen und unwesentlichen Fragen unterscheiden, können sie natürlich auch nicht wie alle anderen einen Schläger benutzen, um den mit einem Holzkern versehenen Lederball gegen die Wand zu schmettern. Sie nehmen dafür stattdessen einfach die Hände. Können Sie sich nun etwas Aufregenderes vorstellen, als zwei bis vier Männern stundenlang dabei zuzusehen, wie sie einen Ball mit der Hand gegen eine Wand schlagen? Auf das Fernsehen bezogen fallen mir hier spontan nur Testbild und Fernsehshopping ein.

Falls statt Tarot-Karten, Werbung und *Pelota* dann doch irgendwann einmal etwas Richtiges ausgestrahlt wird, hat dies bei einigen öffentlichen Sendern und den meisten Privatsendern zumeist etwas mit Telenovelas, der Klatschpresse (*prensa rosa*) oder Realityshows über Beziehungen und Partnersuche zu tun. All diese Programme existieren zwar auch in Deutschland, die erstaunliche spanische Besonderheit ist jedoch ihr durchschlagender Erfolg in allen gesellschaftlichen Schichten und Altersgruppen. Die Spanier sind geradezu verrückt nach diesen Formaten.
Tele5 beispielsweise, ein Privatsender, den man mit dem deutschen RTL II vergleichen könnte und der ausschließlich solche Programme sendet, ist bei den Einschaltquoten mit rund 14 % im Monat auf einem stabilen dritten Platz unter allen Kanälen, während es RTL II im Vergleich nur auf kümmerliche drei bis vier Prozent im Monat bringt.
Ein typisches Programm von *Tele5* ist *Sálvame* (Rette mich), welches von Montag bis Freitag zwischen 16 und 20 Uhr zu sehen ist. Eine der von *Sálvame* in Szene gesetzten Figuren ist *Belén Esteban*. *Belén Esteban* ist so etwas wie die spanische Tatjana Gsell, nur dass in ihrem Fall statt der öffentlichkeitswirksamen Beziehung mit und Trennung von einem Prinzen schon ein Stelldichein mit einem Torero ausreichte, um bekannt zu werden. Ein weiterer Unterschied zu Tatjana Gsell

ist, dass *Belén Esteban* über *Sálvame* besagte Einschaltquote von 15 Prozent erzielt. Dieses Phänomen ist den Spaniern selbst sehr peinlich, denn werden sie darauf angesprochen, ob sie dieses Programm sehen, streiten sie das in der Regel vehement ab. Fraglich ist dann allerdings, wie es dazu kommt, dass *Belén Esteban* laut Umfragen eine der bekanntesten Persönlichkeiten Spaniens ist...

Neben ihr treten in *Sálvame* Menschen auf, die sich in Formaten wie Big Brother (*Gran Hermano*) hervorgetan haben, und auf diesem Niveau oder noch darunter bewegt es sich dann auch: Neben wichtigen Fragen der spanischen Gesellschaft, wie zum Beispiel der, welcher Prominente seinen Diätplan nicht eingehalten hat oder welche Prominente es sich vorstellen könnte, nackt auf dem Titelblatt einer Männerzeitschrift zu erscheinen, liegt auch hier der Schwerpunkt auf aktuellem Beziehungsklatsch und der Frage, mit wem *Belén Esteban* oder andere gerade ins Bett gegangen sind. Es sei an dieser Stelle noch einmal wiederholt: Was das Fernsehen betrifft, können Spanier nicht genug von Fragestellungen rund um das private Miteinander bekommen.

Einen weiteren Hinweis auf die Sehnsucht der Spanier nach Beziehungsdramen bekam ich auch in einem ganz anderen Umfeld als dem des Fernsehens: Eine Freundin berichtete mir von einem Bekannten, der dabei war, einen Roman über seine Studienzeit zu verfassen, wobei er einige wirkliche Geschehnisse mit vielen erfundenen Geschichten mischte. Da ich mich ja selbst auch gerade anschickte, ein Buch zu schreiben, bat ich sie um das Manuskript ihres Freundes, um einmal zu sehen, wie andere die Sache angehen. Die Geschichte las sich wirklich gut und flüssig und war auch in einem sehr guten Schreibstil gehalten, jedoch war ich trotzdem sprachlos: Der Freund meiner Freundin hatte statt eines Romans über das Studieren eine perfekte Seifenoper geschrieben. Von der großen Liebe über Intrigen und Missverständnisse, die zur Trennung führen, bis hin zur anschließenden Versöhnung war alles in dem Roman enthalten. Neben der Haupterzählung kam es in Nebenhandlungssträngen auch noch zu Verrat, Gewalt, der Verführung älterer Frauen und sogar zu Inzest - wobei ich hoffe, dass zumindest letzteres eher zum erfundenen Teil des Romans gehörte.

Was um Himmels Willen bringt nun einen Mittzwanziger dazu, sich solch einen Beziehungskitsch auszudenken, und was bringt zahlreiche, auch junge Spanier dazu, sich die entsprechenden Formate im Fernsehen anzuschauen und sie in der *prensa rosa* zu lesen? Bei der älteren Generation kann man das verstehen: Viele Menschen sind noch in einer Zeit aufgewachsen, in der Spanien keine Demokratie war und Frauen weder das Recht auf einen eigenen Reisepass hatten, noch in der Partnerwahl oder anderen Situationen sonderlich frei waren.

„Ich bin meinem Mann über 40 Jahre treu gewesen, und das kannst du auch", lautete etwa ein Kommentar einer der zahlreichen, gut situierten und durchaus nicht völlig ungebildeten älteren Damen aus dem Publikum einer dieser Fernsehshows, bei der es um Fremdgehen in der Partnerschaft ging. Bei mir kam in diesem Zusammenhang allerdings der Verdacht auf, dass jene ältere Dame über ihre 40 Ehejahre nicht besonders glücklich war und vielleicht lieber etwas anders getan hätte. Der Kommentar über die Treue ist dabei als sehr typisch anzusehen und kann oft gehört werden. Fernsehprogramme über skandalträchtige oder verkorkste Beziehungen sind in diesem Zusammenhang auch dazu geeignet, älteren Menschen über die recht unfreiwillige Langeweile in ihrer eigenen Partnerschaft hinwegzuhelfen. Entweder sie sammeln die Erfahrungen, die sie selbst nicht ausgelebt haben, als Zuschauer übers Fernsehen, oder sie schauen sich diese oft haarsträubenden Programme an, weil sie sich beweisen möchten, wie anständig und normal sie selbst im Vergleich dazu gelebt haben.

Bei den jungen Menschen ist dies erstaunlicherweise ganz ähnlich. Zwar steigen in Spanien die Scheidungsraten mindestens genauso schnell wie die Geburtenraten in den Keller gehen. Beide Werte sind daher mit denen in Deutschland ebenso vergleichbar wie das Durchschnittsalter, in dem Paare hier heiraten, bevor sie sich wieder scheiden lassen. Trotzdem ist das Ideal der harmonischen und intakten Großfamilie in den Köpfen der Spanier noch so stark verankert, dass Partnerwechsel nicht sehr häufig sind und Paare viel länger zusammenbleiben, als dies vielleicht sinnvoll wäre: Es kommt nicht selten vor, dass Spanier ihren Partner mit 16 Jahren kennenlernen, mit 30 heiraten und sich dann mit 33 wieder scheiden lassen. Meist ist die Scheidung dann darauf zurückzuführen, dass einer den anderen betrogen hat, weil er einfach gerne einmal wissen wollte, wie es mit jemand anders ist, und dies vorher nicht probieren konnte. Ich möchte hier zwar keineswegs grundsätzlich gegen die Großfamilie argumentieren. Viele Spanier wollen dieses Ideal aber eben sehr jung und auf Biegen und Brechen umsetzen. Dies gilt zumindest mit Ausnahme von denjenigen, die eine katholische Schule besucht haben. Die lassen es danach meist ordentlich krachen, aber dazu komme ich später noch.

Nebenbei erklärt der kaum stattfindende Partnerwechsel übrigens auch, warum männliche Spanier und Südeuropäer überhaupt bei uns als Casanovas und Flirtweltmeister gelten: In Spanien selbst wäre ein solches Verhalten zwar gesellschaftlich mittlerweile erlaubt und akzeptiert. Den genauen Moment abzupassen, in dem jemand nach vielen Jahren Partnerschaft wieder verfügbar ist, ist aber so schwierig, dass die Einheimischen hier kaum zum Flirten kommen und dazu gezwungen sind, bei jedem der wenigen Versuche 200 % zu geben. Wenn sie dann einmal ins Ausland und in nördlichere Gefilde vordringen, nutzen sie verständlicherweise die Gelegenheit, allem hinterher zu stellen, was sich bewegt.

Um nun noch einmal auf das Fernsehverhalten zu kommen: Obwohl die Spanier behaupten, dass das Leben in Spanien das aufregendste und spannendste überhaupt vorstellbare Leben ist, kann es auch ziemlich langweilig werden, besonders in der

Partnerschaft. Daher verfallen die jungen Leute und besonders die jungen Frauen dann witzigerweise in ein ähnliches Fernsehverhalten wie ihre Großeltern.

Was schließlich die GEZ angeht, sind Rundfunkgebühren wohl gar nicht so schlecht. Zwar sind die unzähligen öffentlichen Kanäle in Spanien trotz allem deutlich niveauvoller als die privaten. Weil es in Spanien aber nur eine indirekte Abgabe dafür gibt, ist es für den Bürger schwer zu durchschauen, was das Ganze wirklich kostet. Gäbe es dagegen direkte Rundfunkgebühren, würden sich die Spanier in einem für sie typischen Akt der Rebellion so furchtbar über diese Zwangsabgabe aufregen, dass diejenigen Programme und Sender, die wirklich überflüssig sind, einfach ersatzlos gestrichen werden würden. Mit den Privatsendern passiert dies in Zeiten der Wirtschaftskrise ohnehin.

3. Und wenn sie nicht gestorben sind, zahlen sie noch heute

Ursachen und Folgen der Immobilienkrise

Wer den Jakobsweg oder einen Teil des Jakobsweges absolviert hat, der kann wieder ordentlich über die Stränge schlagen, denn die Kirche vergibt ihm seine Sünden. Dies geschieht auch zu Recht, denn es müssen weite Teile des Weges direkt neben der Autobahn auf Schotterstraßen zurückgelegt werden, die den Tod jeder Kniescheibe bedeuten. Um sich die spanische Immobilienkrise einmal bildlich vor Augen zu führen, ist der Jakobsweg aber sehr lehrreich: Neben jedem noch so unbedeutenden Dorf am Wegesrand steht eine während des künstlichen Baubooms entstandene, völlig leer stehende Neubausiedlung, die nicht selten den doppelten Umfang des eigentlichen Ortes erreicht.

Ein eigenes Haus oder zumindest eine Wohnung zu besitzen, ist in der Tat eine Pflicht für jeden Spanier, der etwas auf sich hält. Und selbst wenn er nichts auf sich halten würde, machten die Eltern in diesem besonderen Fall ordentlich Druck auf ihren Nachwuchs, statt zur Miete zu wohnen endlich etwas Eigenes zu kaufen. Wo sonst sollen sie schließlich einmal ihre eigenen Kinder unterbringen, bis diese dann ihre erste Hypothek aufnehmen? Dass das Haus bei einer korrekten Betrachtung eigentlich der Bank und nicht ihnen gehört, sehen sie dabei eher nicht.

Den Druck der Eltern erlebte auch einer meiner Mitbewohner in Saragossa: Trotz der Tatsache, dass es uns in der dortigen WG allen äußerst gut ging, bekam er von seinen Eltern in einem derartigen Ausmaß den Brenner angesetzt, dass er schließlich in *Valdespartera*, einem weit abgelegenen Neubauviertel, eine Wohnung kaufte und jetzt einen Häuserblock vorm buchstäblichen Ende Saragossas und dem Beginn einer der größten Wüsten Kontinentaleuropas wohnt. Wie sehr ihm seine Wohnung wirklich gefiel, konnte man daran sehen, dass er sich die meiste Zeit weiterhin in unserer WG aufhielt. Da gab es ja außerdem auch Möbel, für die er durch die Hypothek kein Geld mehr hatte.

Andere Länder, andere Sitten: Dass die Spanier das private Wohneigentum einem Leben zur Miete vorziehen, ist solange nicht anstößig oder schlecht, wie das ökonomisch auch unter ungünstigen Umständen geschultert werden kann. Es ist nun aber nicht so, dass in Spanien mit einem normalen Gehalt ein großer Reibach gemacht werden könnte. Das Durchschnittseinkommen der spanischen Häuslebauer liegt bei etwa 2100 Euro brutto im Monat. Durch den Umstand, dass in Spanien weit geringere Teile des Lohnes für Sozialabgaben einbehalten werden als in Deutschland, bleibt zwar etwas mehr Netto vom Brutto. Die 2100 Euro sind jedoch trotzdem irreführend, da es sich hierbei um einen Durchschnitt handelt. Dieser Durchschnitt kommt dadurch zustande, dass einige wenige Menschen astronomisch viel Geld verdienen, während die große Mehrheit mit einem Einkommen unter diesem Wert zurechtkommen muss. So sind viele Spanier tatsächlich *mileuristas*, verdienen also um die 1000 Euro netto im Monat.

Einem *mileurista* nun einen in die Hunderttausende gehenden Kredit zu bewilligen, damit er ein Haus bauen kann, wäre unter normalen Umständen ähnlich intelligent, wie einem unterdurchschnittlich begabten Dreijährigen eine geladene Pistole in die Hand zu drücken. Mit „normalen Umständen" meine ich, dass der Zweck einer Wohnung darin gesehen wird, in ihr zu wohnen. Dies war in Spanien aber lange Zeit nicht der Fall. Der Sinn einer Wohnung bestand vor der Immobilienkrise vor allem darin, mit ihr zu spekulieren und Geld zu verdienen: Drei bis vier Jahre, nachdem ich eine Wohnung gekauft habe, verkaufe ich sie zu einem zwischen 10 % und 30 % höheren Preis weiter, kaufe mir mit dem Geld eine teurere Wohnung und beginne das Spiel von vorne. Auf diese Weise schossen die Immobilienpreise in die Höhe, die Baubranche konnte immer neue Wohnkomplexe aus dem Boden stampfen, die

Grundstücke wurden viel teurer und gleichzeitig wurde auch ein *mileurista* in die Lage versetzt, einen Kredit zurückzuzahlen, den er niemals hätte bekommen dürfen. Daher gewöhnten sich die spanischen Banken schon bald eine sehr lockere Kreditvergabepraxis an: Hypotheken, Urlaub in China, ein neues Auto, Hochzeit, Klamotten, gar kein Grund – all das waren gute Gründe, einen Kredit zu bewilligen, und so wurde die spanische Immobilien- und Finanzblase geboren, die dann 2008 geplatzt ist.

Nach 2008 sind die Spanier dann auf ihren Häusern sitzen geblieben, deren tatsächlicher Wert im besten Fall vielleicht gerade einmal die Hälfte des zwischen 2004 und 2008 verlangten Kaufpreises beträgt. Um nun an das Bild des bewaffneten Dreijährigen anzuknüpfen: Wenn er mit seiner Pistole jemanden erschießt, ist nicht er daran schuld, sondern derjenige, der ihm die Pistole gegeben hat. Genauso wenig sollte ein *mileurista* daran schuld sein, dass ihm irgendjemand tatsächlich einen Kredit bewilligt hat. Leider haftet aber in Spanien der Dreijährige im übertragenen Sinne, und zwar nicht zu knapp. Ergebnis dessen ist, dass zwischen 2007 und 2009 rund 180.000 Häuser wegen ausstehender Ratenzahlungen von den Banken eingezogen wurden. Das ist aber noch kein wirkliches Problem, denn wenn jemand in Spanien die Raten seiner Hypothek nicht zahlen kann, verliert er zwar sein Haus, aber wenigstens darf er seine Schulden behalten. Anders als in den meisten anderen Ländern Europas sehen spanische Hypothekenverträge im Grundsatz nicht vor, dass die Angelegenheit in dem Moment erledigt ist, wo der Schuldner das Haus an die Bank abgibt. Er muss vielmehr die bestehende Hypothek weiterzahlen, auch wenn er längst nicht mehr der Besitzer des Hauses ist.

Immerhin muss den Banken zugestanden werden, dass sie aus der Vergangenheit gelernt haben und jetzt mehr Sicherheiten für Kredite verlangen. Was das Lernen angeht, betrifft dies jedoch nur die Seite der Kreditgeber; die Spanier selbst würden sich fröhlich weiterverschulden, wenn sie denn dürften. Auch hat die Finanz- und Immobilienkrise nicht dazu beigetragen, dass mehr Menschen zur Miete leben wollen, und zu allem Unglück wird das Eigenheim nach wie vor staatlich gefördert: Eine spanische Steuererklärung beschäftigt sich auf zwei Seiten mit der Frage, wie viel Steuern man an den Staat entrichtet muss und auf den folgenden 25 Seiten damit, wie man diese Steuern durch den Kauf von Immobilien zurückbekommen kann.

Vielleicht noch schlimmer als der finanzielle Aspekt ist schließlich, dass gerade in den Gegenden, in denen es keine Arbeit gibt - und das trifft heute mit Ausnahme von Barcelona, dem Baskenland und Madrid leider auf alle spanischen Gegenden zu - der Hypothekenklotz am Bein geographische Mobilität verhindert, die im Falle von Arbeitslosigkeit eine Antwort sein könnte: Habe ich ein Haus in Saragossa, werde ich in den meisten Fällen nicht bereit sein, nach Madrid zu ziehen, nur weil es dort Arbeit für mich gibt.

Zur Miete zu leben empfiehlt sich in Spanien aber tatsächlich nicht, denn die Wohnqualität in den Mietwohnungen ist erschreckend niedrig. Für ein Volk, dessen Wirtschaft neben dem Tourismus fast nur auf der Bauindustrie fußt, bauen die Spanier erstaunlich schlecht. Schalldichte Fenster, Türen aus echtem Holz oder isolierte Wände wird man auch in neueren Bauten vergeblich suchen, denn die Immobilienspekulation machte den Bau von Wohnungen in einer Geschwindigkeit erforderlich, bei der Qualitätserwägungen in den Hintergrund rückten. Dazu kommt noch, dass die Wohnungen, die vermietet werden, meist auch keine neuen Wohnungen sind, sondern meist schon einige Jahrzehnte Zeit hatten, um herunterzukommen. Der Vermieter einer Wohnung tut meist keinen Handschlag mehr, um sie zu erhalten - er muss ja nicht selber dort wohnen.

Ein extremes Beispiel dafür, wie Wohnen in Spanien zum Alptraum werden kann, ist Barcelona. Die Hauptstadt Kataloniens nimmt auf engstem Raum große Menschenmengen auf. Zu den Einwohnern der Stadt gesellen sich noch Studenten und Praktikanten aus anderen Ländern, die gerne bereit sind, ihre Eltern für ihren kurzen Aufenthalt fast jeden Preis zahlen zu lassen, was dann die Mieten weiter in die Höhe treibt. Neben der Miete muss auch noch eine meist horrende Kaution entrichtet werden, die nicht in allen Fällen zurückgezahlt wird, da es oft auch keinen Mietvertrag gibt.

In meiner ersten WG in Barcelona zahlte ich beispielsweise für acht Quadratmeter Raum plus Gemeinschaftsküche und Bad etwa das, was in Leipzig oder Dresden eine ganze Wohnung mit drei Zimmern kostet. Die Wände und Möbel waren schmutzig, Telefon und Internet defekt, und wenn die Abflüsse nicht gerade verstopft waren, besuchten uns aus ihnen zahlreiche Silberfische. In meiner zweiten Wohnung gab es dann keine Silberfische mehr, denn diese waren auf der Suche nach einem besseren Leben wahrscheinlich schon emigriert. Wie ich das schon aus Südamerika kannte, gab es anstatt einer Heizung dafür nur mobile Heizkörper, deren Benutzung der Vermieter wegen der Stromkosten allerdings verboten hatte, obwohl die Temperaturen im Winter auch in Barcelona auf 0 Grad absinken können. Warmes Wasser gab es auch nicht, und während ich mich in der Wohnung mit Mantel und Schal bewegte, fing ich an, unsere prähistorischen Vorfahren zu beneiden, die wenigstens Feuer machen durften.

Außer den beiden Wohnungen, in denen ich gelebt habe, habe ich noch viel Schlimmeres gesehen, dessen Beschreibung ich dem Leser allerdings ersparen möchte. Jeder, der längere Zeit in Barcelona lebt, ist aufgrund der dort herrschenden Verhältnisse mit seiner Wohnsituation unzufrieden, und dies erklärt auch das beliebteste Hobby der Einwohner der Stadt: Umziehen. Ich habe in Barcelona kaum jemanden kennengelernt, der noch nicht vier bis fünf Mal umgezogen ist, so dass schon von einem Rückfall ins Nomadenleben gesprochen werden kann.

Auch wenn das Preis-Leistungsverhältnis in Saragossa und anderen Städten wesentlich besser ist als in Barcelona, ist es trotzdem überall schwierig, eine ordentliche Mietwohnung zu einem halbwegs akzeptablen Preis zu finden, was den Erwerb einer Eigentumswohnung aus Sicht eines Spaniers sogar sinnvoll erscheinen lässt.

Gibt es in Spanien neben der Investition in Immobilien noch andere Formen, Rücklagen zu bilden? Mit *ahorrar* gibt es hier zwar ein Wort für „sparen". Ich bezweifle aber, dass der Sinn dieses Verbes größeren Teilen der Bevölkerung bekannt ist, denn finanzielle Rücklagen werden einfach nicht gebildet und „es ist am Ende des Gehaltes noch sehr viel Monat übrig", wie man hier sagt. Beispielhaft für das Konsum- und Sparverhalten der Spanier sollen hier zwei Anekdoten stehen: Als ich auf dem Jakobsweg mit kaputten Knien ziemlich unrühmlich darum bitten musste, in die nächste Stadt gefahren zu werden, erzählte mir mein Helfer, dass er in der Baubranche tätig und gerade arbeitslos geworden sei. In einem der nächsten Sätze sagte er dann, dass er sich demnächst ein größeres Auto kaufen wird. Zu einem anderen Zeitpunkt berichtete mir eine Freundin stolz, dass sie mit dem Sparen begonnen und bereits eine größere Summe auf der hohen Kante liegen habe. Eine Woche später rief sie mich dann an und teilte mir mit, dass ihr Mann sich von ihrem aus seiner Sicht überflüssigen Geld einen neuen Fernseher mit Plasmabildschirm gekauft habe.

Die Sparkultur erklärt auch die völlig unterschiedlichen Erwartungen von Deutschen und Spaniern an eine Währung. Seit die Immobilienkrise von der Krise des Euro begleitet wird, haben die Spanier zwar ähnlich wie die Deutschen ihre Liebe zu ihrer alten Währung entdeckt, und an einigen Orten kann jetzt wieder mit Peseten bezahlt werden. Diese Sympathie besteht allerdings aus völlig anderen Motiven heraus. Während die Deutschen der Stabilität der Mark nachtrauern, sind die Spanier an Stabilität überhaupt nicht interessiert. Nach dem sie durch den massiven Abtransport von Gold und Silber aus der Neuen Welt im 16. Jahrhundert die Inflation für sich entdeckt haben, war es ihnen zu einer liebgewonnenen Gewohnheit geworden, die einheimische Währung alle paar Jahre abzuwerten, um bei Schonung des Grundeigentums der Misswirtschaft und der Teuerungsrate etwas entgegenzusetzen. Daher können sich Spanier auch einfach nicht vorstellen, dass finanzielle Rücklagen etwas Sinnvolles sein können. Nur Grundeigentum wird für eine solide Anlage gehalten.

An den Hypotheken hängen somit fast alle anderen Probleme der spanischen Nationalökonomie, so dass ein Großteil der Lösung der wirtschaftlichen Probleme des Landes mit einem Ende des Traums vom eigenen Heim verbunden wäre. Durch die große Anzahl der Beschäftigten in der Baubranche, der nur der Tourismus an Bedeutung für die spanische Wirtschaft gleichkommt, traut sich aber kein Politiker, dieses Problem anzugehen. Die Regierung von *Mariano Rajoy*, die in fast allen anderen Bereichen außerordentlich fühlbare Einschnitte vornahm, erweiterte denn auch als eine ihrer ersten Maßnahmen die bereits von der Vorgängerregierung eingeführten Mehrwertsteuervergünstigungen für den Kauf oder Bau des Eigenheims. Derweil entsteht im Umland von Saragossa auch gerade *Arcosur*, eine der größten europäischen Neubausiedlungen mit 21.000 Wohnungen. Wie Sie sehen, sind die Sorgen der deutschen Regierung in Bezug auf verantwortliches und nachhaltiges Wirtschaften in Teilen Europas völlig unberechtigt - Eurobonds und Bankenunion können kommen!

4. Keuschheit, Rockmusik und Elektrokerzen

Über die katholische Kirche und ihre katholischen Gegner

Spaniens Städte wurden von Kriegen weitestgehend verschont. Dies hat den großen Vorteil, dass moderne Architekten, die sich austoben wollen, dies zumindest nicht in den historisch gewachsenen Altstädten tun können. Sie sind stattdessen dazu gezwungen, an Orte auszuweichen, wo man ihre stein- oder besser gesagt glas- und metallgewordenen Selbstverwirklichungsprojekte nicht so oft sehen muss. Ein kleiner Nachteil dessen ist, dass sich die spanischen Stadtzentren untereinander ziemlich ähneln. Die typischste aller Altstädte findet man wohl in Toledo bei Madrid vor, so dass derjenige, der die Entwicklung und Struktur spanischer Städte besser verstehen möchte, unbedingt einmal dorthin fahren sollte.

Im Zentrum jeder spanischen Stadt gibt es einen rechteckigen Platz, der meist entweder höchst kreativ „Größerer Platz" (*Plaza Mayor*), oder, damit man nicht vergisst, wo man ist, *Plaza de España* heißt. Auf diesem Platz steht neben dem Rathaus in der Mehrzahl der Fälle auch eine durch einen hohen Turm gekennzeichnete Kirche. Der Turm ist sogar noch höher, wenn er vorher ein Minarett war und erst im Rahmen der *Reconquista* zum Kirchturm umdeklariert wurde.

Kirchenbesuche hatte ich mir in Deutschland trotz meiner Konfessionslosigkeit angewöhnt, um ab und an eine Kerze für verstorbene Verwandte und Freunde anzuzünden, weil ich davon ausgehe, dass sie sich darüber freuen, wenn man an sie denkt. Als ich dasselbe in Spanien tun wollte, stieß ich allerdings auf ein unüberwindliches Hindernis: Elektrokerzen. Man wirft zwischen fünfzig Cent und zwei Euro in einen Schlitz und im Anschluss daran geht für einen bestimmten Zeitraum ein elektrisches Licht in Kerzenform an. Fast 2000 Jahre christlicher Geschichte in Spanien haben diese Geschmacklosigkeit der Weg-rationalisierung von Wachs während des Totengedenkens offenbar nicht verhindern können. Ich habe deshalb nie eine dieser Glühbirnen angemietet und hoffe, die Toten nehmen mir dies nicht übel.

Trotz der Elektrokerzen: Die Geschichte Spaniens ist eng mit der Geschichte des Christentums in diesem Land verknüpft und formell gehören über 90 % aller Spanier der katholischen Kirche an. Dies ist auch völlig normal, denn der christliche Glaube gab den Ahnen der Spanier die notwendige moralische Rechtfertigung und Unterstützung, um im Zuge eines über 700 Jahre währenden Prozesses einen fremden Eroberer zurückzuwerfen, bis im Jahre 1492 mit Granada auch die letzte Stadt auf der iberischen Halbinsel wieder unter die Kontrolle der Einheimischen gelangte.
Heute tun sich jedoch viele mit diesem Erbe schwer, vor allem in den beiden großen Städten Madrid und Barcelona. Katholizismus klingt nach Mittelalter und Inquisition und ist irgendwie rückständig. Da, wie ich später noch ausführen werde, in Spanien immer andere die Schuld an irgendetwas haben, kann der Katholizismus dann praktischerweise auch gleich mit für die Rückständigkeit des Landes in mancherlei Beziehung verantwortlich gemacht werden.

Wie äußert sich diese Tendenz? Neben der Tatsache, dass es als chic gilt, Witze über die Kirche zu machen, die oftmals wenig gelungen sind, war eine der politischen Forderungen der auf den Größeren Plätzen Spaniens kampierenden Jugendlichen, den *indignados*, eine striktere Trennung von Staat und Religion. Statt der Kirche sollen die Bildung und alle anderen weltlichen Aufgaben einem laizistischen Staat überlassen werden, um mehr Neutralität in ihrer Ausführung zu gewährleisten. Eine weitere Forderung ist es, die freiwillige Kirchensteuer abzuschaffen - in Spanien hat bislang jedermann die Möglichkeit, durch ein Kreuz in seiner Steuererklärung zu verfügen, dass 0,7 % seines finanziellen Beitrages zum Gemeinwesen an die Kirche gehen. Weitere 0,7 % der Steuern werden übrigens bei einer entsprechenden Verfügung für soziale Zwecke aufgewendet.

Zu den Forderungen nach einer Entweltlichung der Kirche zählt schließlich auch, dass sie sich generell nicht zu gesellschaftlichen Fragen äußern soll. Vertritt die Kirche öffentlich eine Position A in einer solchen Frage, finden sich sofort viele Menschen, die aufgrund ihrer Abneigung gegen die Kirche lautstark die Gegenposition B vertreten. Ein Beispiel hierfür ist die Abtreibungsproblematik und in diesem Zusammenhang das Recht auf Selbstbestimmung und Kontrolle des eigenen Körpers. Die praktische Umsetzung der Entweltlichungsforderungen gegenüber der Kirche hat hier zu der paradoxen Situation geführt, dass in einem der formell katholischsten Länder der Erde eine der liberalsten Abtreibungsgesetzgebungen überhaupt gültig ist.

Verfolgt die Kirche in Spanien aber wirklich so viele nicht-geistliche Aktivitäten? Wohl schon, denn sie nimmt Aufgaben wahr und bietet Dienste an, die sie in Deutschland oder anderswo auch aufgrund der finanziellen Möglichkeiten gar nicht oder nur in geringerem Ausmaß ausüben kann. Hierzu gehören neben einer sehr umfangreichen Sozialarbeit und unter anderem auch von der Kirche gegründete Sparkassen und Tätigkeiten im Rundfunk. So gehört der Kirche über ein eigenes Radiokonsortium mit der *COPE* auch einer der einflussreichsten Radiosender Spaniens, der allerdings recht weltliche Inhalte ausstrahlt. Zum selben Konsortium zählen außerdem auch ein bekannter Rockmusiksender und ein Fernsehkanal.

Neben der Rockmusik ist gerade auch die Bildung eine kirchliche Bastion und es gibt zahlreiche katholische Schulen, Universitäten, Berufsbildungswerke und angeschlossene Einrichtungen. Im Rahmen des Hochschulwesens existieren neben der Universität vom Heiligen Georg (*Universidad San Jorge*), an der ich studiert habe, noch 12 andere Universitäten, die der Kirche oder einer kirchennahen Organisation gehören und denen auch Studentenwerke und -wohnheime angeschlossen sind. Eine Freundin von mir beschwerte sich beispielsweise immer über ihr katholisches Studentenwohnheim, wo sie keinen männlichen Besuch mitbringen durfte und ab 23 Uhr Ausgangssperre hatte. Kurz nach Mitternacht war dann auch Zapfenstreich.

Im Zusammenhang mit den Bildungsangeboten und den anderen Aktivitäten gilt aber die Freiwilligkeit. Wer mit den Bedingungen nicht einverstanden ist, muss die ihm gebotenen Möglichkeiten nicht wahrnehmen. Weder muss er das christliche Radio hören, noch eine private katholische Bildungseinrichtung besuchen, noch in Gottes Namen (oder eben gerade nicht in Gottes Namen) in der Steuererklärung sein Kreuz bei der Kirche machen.

Um auf meine Freundin in dem katholischen Studentenwohnheim zurückzukommen: Hätte ich in meiner Leidenszeit in Barcelona ohne Heizung und ohne warmes Wasser von der Existenz eines Ortes erfahren, der bei einem geringeren Mietpreis freie Verpflegung, Kabelfernsehen und Zentralheizung bietet, wäre ich sofort dorthin gezogen, Zapfenstreich hin oder her. Auch eine Gefährdung der Neutralität der Lehre konnte ich nicht feststellen. Zwar sind an der Uni des Heiligen Georg viele der Dozenten wohl auch Mitglied beim Opus Dei, die Religion hat aber in der Vermittlung der Ausbildungsinhalte keinerlei Rolle gespielt. Schließlich halte ich es auch für eine ausgesprochen gute Idee, die Menschen über die Verwendung eines kleinen Teils ihrer Steuern selbst entscheiden zu lassen. In Deutschland gibt es diese Möglichkeit nicht. Deswegen habe ich hier sowohl verfügt, dass 0,7 % meiner Steuern für soziale Zwecke als auch für die Kirche aufgewendet werden.

Eine nennenswerte Ausnahme von der Freiwilligkeit der Bildungsangebote der katholischen Kirche bilden allerdings die christlichen Schulen, in denen auch das Lehrpersonal von Kirchenmännern oder -frauen gestellt wird. Natürlich entscheiden die Eltern und nicht die Kinder, welche Einrichtung besucht werden soll. In der Schilderung der Betroffenen scheint der Besuch einer katholischen Schule ein mit dem Dienst in einem Strafbataillon oder dem Dauerhören von japanischer Musik vergleichbares traumatisches Erlebnis zu sein: Fast alle meine Bekannten, die eine solche Schule besucht haben, trugen eine tiefe und lebenslange Aversion gegen die katholische Kirche davon. Wo liegen die Gründe hierfür, wird doch von den gleichen Leuten versichert, dass die Ausbildung in diesen Einrichtungen im Vergleich mit ihren staatlichen Pendants exzellent sei?

Ein recht banaler Grund für die schlechte Stimmung an diesen Schulen ist der Umstand, dass die Schüler alle aus sehr unterschiedlichen Milieus kommen, da der Schulbesuch nicht an geographische Kriterien gebunden ist. Der eigentlich positive Gedanke, Kinder unterschiedlicher Herkunft zu mischen, bringt für sie auch längere Schulwege und den Verzicht auf das angestammte Umfeld im eigenen Stadtviertel mit sich. Da die Schüler an entgegengesetzten Enden der Stadt wohnen, unternehmen sie in ihrer Freizeit dann auch kaum etwas zusammen.

Der Hauptgrund für die Entstehung von Antipathie ist aber die überstrenge Disziplin, die an diesen Schulen herrscht. Während das rebellische Verhalten während meiner eigenen Schulzeit aufgrund einer eher laxen Disziplin zu einem guten Teil ins Leere gelaufen ist, halten die katholischen Lehrkräfte strenges Regiment und bieten den spanischen Jugendlichen, die das Übertreten von Verboten ohnehin lieben, ein Feindbild und quasi unbegrenzte Möglichkeiten, sich aufzulehnen. Wenn man auf die als Provokation gemeinte Frage von pubertierenden Schülern, ob es Gott überhaupt gibt und wie er dann Kriege und ähnliches zulassen kann, mit Strafarbeiten und Nachsitzen anstatt mit einer Diskussion antwortet, fühlt sich der Bestrafte ungerecht behandelt und eignet sich irgendwann tatsächlich eine kirchenkritische Haltung an. Auch in anderen Bereichen äußerst sich das fehlende pädagogische Geschick: Statt einen verantwortungsvollen Umgang mit Sexualität und Alkohol zu lehren, wird den jungen Mädchen Keuschheit und den Jungs der

Verzicht auf alkoholische Getränke offenbar so wirksam ans Herz gelegt, dass sie beides in ihrer Schulzeit oft tatsächlich nicht probieren, während die Schüler an den staatlichen Schulen es zur selben Zeit krachen lassen. Ähnlich wie die Erziehung der Eltern ist die Erziehung in einer katholischen Schule damit in vielen Punkten weltfremd und bereitet nicht auf das Leben vor. Beim Verlassen der Schule haben viele der von mir Befragten daher ein Gefühl totaler Freiheit, machen für ihr vorheriges Fehlen die Kirche verantwortlich und haben nicht gelernt, mit ihr umzugehen.

Trotz allem ist die Sozial- und Bildungsarbeit der Kirche insgesamt ziemlich positiv. Die Forderung nach einem laizistischen Staat würde in diesem Zusammenhang nichts anderes bedeuten, als Bildung und Sozialwesen gänzlich den Parteipolitikern zu überlassen - eine Superidee, da diese ja bekanntlich neutral sind, nur hehre moralische Ziele verfolgen und so sicher alles besser und weniger rückständig wird.

Haben die Kritiker der Kirche also unrecht? Nicht unbedingt, aber wie einige Spanier alles, was die Kirche unternimmt oder vertritt, mit Fundamentalopposition zu beantworten hieße, das Kind mit dem Bade auszuschütten. Dort, wo die Kirche tatsächlich kritisiert werden könnte, nämlich in Bezug auf durch sie einmal vermittelte, historisch gewachsene und hartnäckig weiterbestehende Geisteshaltungen, schweigen die Kritiker dann wiederum: Dieselben Jugendlichen, die die Kirche für obsolet halten und auf Spaniens Plätzen neben einem laizistischen Staat vor allem die Bekämpfung der Jugendarbeitslosigkeit einfordern, verfallen so zum Beispiel gleichzeitig in die katholischste aller Grundhaltungen: das Hoffen auf ein Wunder, wozu sich auch noch ein gewisser Obrigkeitsglaube gesellt. Während erwartet wird, dass eine höhere Macht gute Jobs vom Himmel regnen lässt und die politischen Probleme löst, wird die eigene Verantwortung für den persönlichen Erfolg und den Erfolg der Gesamtgesellschaft vernachlässigt. Sollen es doch andere richten. Wie später noch ausgeführt werden wird, sind Spanier darüber hinaus auch am Arbeitsplatz höchst unterwürfig. Diese Form der Schicksalsergebenheit steht im Gegensatz zu einer eher protestantischen Arbeitsethik, die den Erfolg durchaus als gottgefälliges Resultat des eigenen Schaffens definiert.

Auch bei einem weiteren negativen Aspekt würde ich die Ursachen in der katholischen Geschichte Spaniens vermuten: Der Ausdruck *Las dos Españas*, die zwei Spanien, bezeichnet die hier teilweise dramatischen Gegensätze zwischen politischen und gesellschaftlichen Gruppen. Es ist in Spanien ungeheuer schwierig, Politiker oder Zeitungen zu finden, die zugeben, dass jemand aus dem jeweils anderen Lager vielleicht auch einmal etwas richtig gemacht haben könnte. Identifiziere ich mich in Deutschland mehrheitlich mit dem liberalkonservativen Spektrum, muss ich Lockerungen im Kündigungsschutz ebenso wenig toll finden, wie ich im linken Spektrum gegen eine Schuldenbremse sein muss. In Spanien müsste ich dies aber zwangsläufig und unbedingt. Ähnlich verhärtete Konfliktlinien gibt es zwischen Arbeitgebern und -nehmern sowie Anhängern von Föderalismus und Zentralstaat, und auch an einer Universität stellen die Lehrenden in der Regel ihre Sicht auf die Dinge als einzig mögliche Interpretation dar, und es wird kaum diskutiert. Dogmatismus, der Glaube an eine alleingültige Lehre und daran, dass meine Kontrahenten gleichzeitig auch schlechte Menschen und moralisch unterlegen sein müssen, ist tatsächlich etwas, was der Katholizismus geschichtlich gesehen einmal vertreten hat und teilweise noch vertritt. Diese auf andere Bereiche übertragene Haltung führt heute in Spanien nicht nur dazu, dass kaum differenzierte Meinungen möglich sind, es stehen auch nur selten Sachfragen oder pragmatische Lösungen im Vordergrund, und ständig werden Gesetze und Maßnahmen der moralisch verwerflichen Vorgänger an der Macht wieder zurückgenommen, was Spanien ziemlich unregierbar macht. Wenn es einmal keinen dezidierten eigenen Standpunkt gibt, werden Debatten dazu auch noch auf dem äußerst flachen Niveau des „Wir sind dafür, weil die anderen dagegen sind" geführt, was schließlich auch die anfangs erwähnte Abtreibungsdebatte recht gut beschreibt, wo es wie in vielen anderen Bereichen gar nicht um die Sachfrage geht.

So wird die Kirche heute also vor allem dort kritisiert, wo sie kaum zu kritisieren ist, nämlich in ihrer Sozial- und Bildungsarbeit. Ihre Kritiker tun dies aber ironischerweise aus einer katholischen Geisteshaltung heraus, die sich in einem hohen Maß an Dogmatismus ausdrückt.

5. Essen und Trinken...

... zumindest wenn man an die Reihe kommt

Spanier sind im Allgemeinen sehr überzeugt von ihrer Küche, und Köche genießen ein sehr hohes Ansehen. Jeder Spanier kennt die Namen von mindestens drei Sterneköchen auswendig und kann dazu auch noch das jeweilige Restaurant richtig benennen, in welchem diese Köche wirken. Wer in Spanien einen Platz in einem solchen Restaurant bekommen möchte, muss oft Monate im Voraus reservieren.

Neben ihren Köchen sind die Spanier auch stolz auf ihre Spezialitäten, die alle Regionen vorzuweisen haben, die etwas auf sich halten, und deren Zubereitung und Präsentation einem strengen Zeremoniell folgen: Da wäre zum Beispiel *Cidra* (Apfelwein) aus Asturien zu nennen, der vom Kellner über seine Schulter in ein kleines Glas auf Höhe seines Beckens geschüttet wird, wobei die Hälfte verloren geht und die Straßen jeder asturischen Stadt deshalb nass und klebrig sind. Ein weiteres Beispiel ist *Paella Valenciana*, die trotz vorhandener Küste statt mit Fisch nur mit Fleisch zubereitet werden darf und vom äußeren Rand der Pfanne beginnend nach innen verzehrt wird. Eine landesweite Spezialität ist schließlich die unvermeidliche *Tortilla española*, eine Art Omelette mit Kartoffelstücken, welches in jedem Restaurant und in jeder Bar zu jeder Tages- und Nachtzeit bestellt werden kann. Wahlweise und je nach Region können der Tortilla auch noch Gemüse, Fleisch, Fisch, Knoblauch, Schnecken, Muscheln, Schokolade oder jede beliebige andere Zutat beigefügt werden. Gemeinsam haben diese verschiedenen Formen nur eines: Jeder spanische Koch wird behaupten, dass das beste Essen und in diesem Fall die beste Tortilla der Welt nicht nur in seinem Land, in seiner Region und in seiner Stadt, sondern genau hier in seinem Restaurant gemacht wird.

Es sei an dieser Stelle noch einmal wiederholt: Spanier mögen ihre Küche. Sie mögen sie sogar so sehr, dass es zu einem äußerst schwierigen Unterfangen werden kann, einmal ein ausländisches Restaurant aufzusuchen, wenn einem das einheimische Essen auf die Dauer doch zu monoton wird. Es gibt unter Spaniern schlicht und ergreifend keine Nachfrage dafür. Während der Hungrige also in jeder deutschen Stadt durch das weitgehende Fehlen einer eigenen Küche unter einer reichen Auswahl an Indern, Italienern, Griechen, Japanern, Thailändern und vielen anderen Restaurants wählen kann, gibt es in Spanien fast nur Spanier, wenn man einmal von China-Woks und dem Dönermann absieht. Der Dönermann hat hier aber leider keine türkischen, sondern pakistanische Wurzeln: Angeblich erfanden den Döner gelangweilte osmanische Soldaten bei der monatelangen Belagerung mittel- und osteuropäischer Metropolen, indem sie Fleischstreifen einzeln über dem Lagerfeuer grillten. Den Pakistanern in Spanien fehlt diese wichtige kulturelle Erfahrung und dies führt dann zur Zubereitung des Döners mit Hühnerfleisch im Hamburgerbrötchen und ohne Knoblauchsoße, weswegen man dann doch lieber bei den Einheimischen isst.

Ein weiterer und deutlicherer Beleg für den manchmal recht irrationalen Glauben an die Überlegenheit der eigenen Küche ist, dass viele Spanier tatsächlich auch der Auffassung sind, dass in Spanien das beste Bier gebraut wird. Während es neidlos anzuerkennen ist, dass die meisten Rotweine und selbst einige Weißweine wie *Ribeiro* oder *Albariño* unsere Standardweine bei weitem in den Schatten stellen, gilt dasselbe doch nun wirklich nicht für Bier! Damit niemand merkt, wie das spanische Bier - egal ob *San Miguel*, *Cruzcampo*, *Mahou*, *Ambar* oder *Estrella Damm* - wirklich schmeckt, wird es bei einer Temperatur von etwa einem bis zwei Grad serviert. Das betäubt einerseits die Geschmacksnerven. Andererseits kann die Tatsache, dass das Bier wenig Alkohol enthält, dadurch vertuscht werden, dass man ohnehin zum langsamen Trinken gezwungen ist, weil man sich sonst der Gefahr eines Todes durch Gefrieren der Speiseröhre aussetzen würde. Zum langsamen Trinken wird man auch deshalb gezwungen, weil das Bier in winzigen Gemäßen serviert wird. Unter einem „großen" Bier verstehen die Spanier 0,3 Liter, ein kleines Bier bedeutet unter Umständen ein Gemäß von 0,1 Liter, worin das Bier schon verdunstet ist, bevor es ankommt. Wer ein 0,5-Liter-Gemäß haben möchte, muss ausdrücklich eine *jarra*, einen Krug bestellen. Eiskaltes Bier kann im Sommer bei einer Außentemperatur von 40 Grad trotzdem eine gute Idee sein. Nur weil im Winter jedoch auch in Spanien nicht 40, sondern zwischen null und zehn Grad herrschen, ist dies für den spanischen Wirt noch lange kein Grund, das Bier nicht mehr eiskalt zu servieren. Wer in der Gastronomie tätig ist und auf den recht naheliegenden Gedanken käme, in Spanien eine Kneipe mit tschechischem, deutschem oder belgischem Bier zu eröffnen, würde in Gegenden ohne Touristen trotzdem in kürzester Zeit pleite gehen: Was der Spanier nicht kennt, das trinkt er nicht, und er wäre nicht bereit, die höheren Preise zu bezahlen. So kann er außerdem weiter behaupten, dass sein einheimisches Bier das beste Bier sei.

Abgesehen von der starken Fokussierung auf die eigene Küche ist das Essen überraschenderweise auch teurer als in Deutschland. Zur Mittagszeit ist ein Menü mit drei Gängen inklusive Getränk zwar schon ab acht Euro erhältlich. Dies ist dann aber einfache Hausmannskost. Für den abendlichen Restaurantbesuch und wirklich gutes Essen muss ein Betrag ab 20 Euro aufwärts investiert werden. Wenn Spanier daher einmal im Ausland sind und mit dem ohnehin ungeliebten fremden Essen konfrontiert werden, verhalten sie sich absolut snobistisch: Sie können sich einfach nicht vorstellen, dass eine Lokalität, in der man für einen niedrigeren Betrag als 20 Euro etwas zu Essen bekommt, die allgemeinen Vorgaben der Gesundheitsbehörden erfüllt, und besuchen diese nicht. Sollten Sie also einmal in die Verlegenheit kommen, Spanier in Deutschland zum Essen ausführen zu müssen, sollten Sie ein Restaurant der höheren Preisklasse wählen, sonst könnten ihre

Gäste womöglich zu der Auffassung kommen, Sie wollten sie vergiften.

Eine andere und je nach Umständen preiswertere Möglichkeit, satt zu werden, sind die mittlerweile auch in Mitteleuropa hinlänglich bekannten Tapas, die es in jeder spanischen Kneipe in mehr oder minder guter Qualität käuflich zu erwerben gibt, auch wenn keine spezialisierte Tapas-Bar aufgesucht wird. Sinnvoll ist es hierbei, sich weiter nach Süden zu orientieren, denn je weiter im Süden gegessen wird, desto günstiger ist es und desto größer ist die Chance, dass die Tapas kostenlos zum Getränk serviert werden. Wird in Andalusien ein Bier getrunken, gibt es immer reichlich Tapas dazu, so dass man satt wird, ohne überhaupt etwas zu Essen bestellt zu haben, aber dasselbe sollte keinesfalls in Barcelona versucht werden...

Zwar werden Tapas schließlich meist im Brot serviert, und Brot wird auch zu jedem anderen Essen gereicht, aber eine Brotkultur gibt es in Spanien deshalb trotzdem nicht. Das Wort „Brot" bezieht sich nämlich nur auf das omnipräsente baguetteförmige Weißbrot, welches im Übrigen sehr umweltfreundlich, da vielseitig verwendbar ist: In den ersten zwei Stunden ist es Brot, danach ein Schlagstock. Grau- oder Schwarzbrot ist dagegen nicht üblich und muss für viel Geld in der Feinkostabteilung größerer Kaufhausketten erstanden werden.

Um in Spanien tatsächlich ein Bier trinken oder Tapas essen zu können, müssen diese aber erst einmal bestellt werden und ihren Empfänger erreichen. Dazu ist Durchsetzungsvermögen erforderlich und es darf auch nicht vor dem Einsatz der Ellbogen zurückgeschreckt werden. Während der Kneipenbesucher sich in Deutschland in der Regel gesittet an einen Tisch begibt, ist dies in Spanien schon aufgrund mangelnder Fläche in den Lokalen nicht möglich. Dass die Restaurants und Tapas-Bars abends überfüllt sind, hat außerdem auch etwas mit den Zeiten zu tun, in denen die Spanier Essen gehen. Das Vorurteil, dass in Spanien sehr spät zu Abend gegessen wird, ist durchaus zutreffend. Vor 21 Uhr 30 sind die Restaurants leer. Jedoch wird man auch nach

23 Uhr kaum noch eine geöffnete Küche finden. So quetschen sich also alle Spanier in einem Zeitraum von anderthalb Stunden in die Restaurants. Nach 23 Uhr sind dann alle in den Bars und es entsteht ein großes Gedränge rund um den Tresen, ähnlich wie bei uns in einer Diskothek. Wer als Ausländer jetzt in die Verlegenheit kommt, etwas bestellen zu müssen, hat gegen die mit weit härteren Bandagen kämpfenden Spanier meist keine Chance, wenn es darum geht, sich in einer angemessenen Zeit durch die meterdicke Menschenschicht vor dem Tresen zu kämpfen. Es ist überliefert, dass einige ausländische Gäste bei dem Versuch, in einer spanischen Bar etwas zu bestellen, verdurstet sind.

Während des Barbesuches sollte außerdem jeder darauf achten, wo er hintritt, denn vor dem Erreichen des Tresens muss in der Regel eine gewisse Strecke durch bis an die Knöchel reichenden Müll zurückgelegt werden - es ist üblich, dass die Kunden benutzte Servietten, Plastikbecher, kleinere Speiseabfälle und ähnliches einfach auf den Fußboden fallen lassen und der Barbesitzer sich darauf beschränkt, nach Schließen des Lokals einfach einmal ordentlich durchzufegen und den Müll auf die Straße zu kehren, wo dann die Müllabfuhr den Rest erledigt.

Untermalt wird der Bar- und teilweise auch der Restaurantbesuch meist mit Fernsehen, genauer gesagt mit Fußball. Es ist dabei völlig gleichgültig, ob sich gerade Real Madrid und der FC Barcelona oder zwei Mannschaften aus der vierten englischen Liga die Ehre geben, irgendein Sender zeigt immer gerade Fußball und die Bars und Restaurants lassen diesen Sender laufen. Da ich Ballsportarten auch nicht ganz ablehnend gegenüberstehe, hatte dies für mein Gegenüber zumeist den Nachteil, sich meine Aufmerksamkeit mit den Amateurkickern aus England teilen zu müssen, zu denen der Blick automatisch abschweifte.

Trotz der hier vorgebrachten Einwände ist die spanische Küche durchaus eine Empfehlung wert, und selbst wenn sie es nicht wäre, sollte man als Ausländer allein aus diplomatischen Erwägungen so tun, als ob sie es wäre. Wie sehr Spanier nämlich in ihrer Ehre gekränkt werden, wenn die Qualität ihrer Lebensmittel und Gerichte in Frage gestellt wird, zeigte die EHEC-Krise, bei der Hamburger Behörden kurzzeitig spanische Gurken für die mysteriösen Todesfälle in Deutschland verantwortlich machten. Von diesem Zeitpunkt an bis zum Nachweis der Haltlosigkeit der Vorwürfe aßen Vertreter von Regierung, Opposition, Wirtschaft und Gesellschaft zu allen passenden und unpassenden Zeiten in der Öffentlichkeit Gurken, und das in Spanien eingesetzte deutsche Botschaftspersonal sah sich mit Protestdemonstrationen größeren Ausmaßes und einer ernsthaften diplomatischen Verstimmung konfrontiert. Der derzeitige spanische Ministerpräsident *Rajoy* führte zur Verteidigung des Ansehens der spanischen Gurke in der Welt sogar eigens wieder ein Agrarministerium ein: Während die Betreuung der Landwirte vorher eine Nebenaufgabe des Umweltministeriums war, ist der Umweltschutz jetzt eine Nebenaufgabe des Agrar- beziehungsweise Gurkenministeriums. Darum gilt: Loben Sie immer das spanische Essen, wenigstens der Umwelt zuliebe!

6. Fiesta

Auf die Jungfrau der Matrosen wird auch in den Bergen getrunken

Die faulen Südländer sind immer am Feiern, zumindest wenn sie nicht gerade unter einem schattenspendenden Sombrero an eine Palme oder einen Kaktus gelehnt schlafen, um Kraft für die nächste Fiesta zu sammeln: Dieses Vorurteil trifft ganz sicher nicht zu, und zwar nicht nur durch das Fehlen von Kakteen und sonstigem Grün in der iberischen Landschaft. In Spanien gibt es oft längere Arbeitszeiten als in Deutschland und dazu noch durchschnittlich zwei Wochen weniger Jahresurlaub für Arbeitnehmer. Außerdem gehört es zum guten Ton, über die vereinbarte Stundenzahl hinaus im Büro zu bleiben, auch wenn man nicht das Geringste zu tun hat. Abgesehen von Fragen der Arbeitseffizienz gibt es aber wie bei anderen Vorurteilen auch in diesem Fall einen wahren Kern: Dieser wahre Kern betrifft die große Zahl an mit viel Aufwand zelebrierten Feiertagen auf nationaler, regionaler und kommunaler Ebene. Alle noch so kleinen Gebietseinheiten bis hin zu Dörfern und Stadtbezirken haben diese speziellen Feiertage oder gar -wochen und richten an ihnen ihr ganz eigenes Fest mit entsprechenden Ritualen und Bräuchen aus. In Deutschland schaffen es diese Feste gelegentlich in die Nachrichten: die *Sanfermines* etwa, bei denen Stiere durch Pamplonas enge Gassen getrieben werden und regelmäßig Leute zu Schaden kommen, oder die *Tomatina*, eine gigantische Schlacht mit reifen Tomaten, die in der levantinischen Kleinstadt Buñol ausgetragen wird. Auch den nicht an Spanien interessierten Deutschen werden zumindest diese beiden Feierlichkeiten ein Begriff sein.

Neben dem intensiven Zelebrieren der Stadtfeste kommt ein weiterer Teil unserer Vorstellung vom eher freizeitorientierten Süden Europas vom Phänomen der Brücke: Es gibt zwar bekanntlich auch in Deutschland eine mehr oder weniger große Anzahl an Feiertagen, vor allem in den katholischen Bundesländern. In Spanien wurde die Auszeit vom Arbeiten jedoch in vielen Fällen noch einmal deutlich verlängert: Fiel einer der Feiertage auf einen Dienstag oder Donnerstag, war der zum Wochenende gelegene Arbeitstag oft auch noch frei, so dass der Urlaub von rund vier Wochen im Jahr noch einmal ordentlich aufgestockt wurde. Lagen zwei Feiertage in enger zeitlicher Nähe, wie es auf nationaler Ebene am 6. (Tag der Verfassung) und am 8. Dezember (Tag der Unbefleckten Empfängnis) der Fall ist, wurde mitunter die ganze Woche gar nicht gearbeitet. Diese Praxis stand jedoch schon länger in der Kritik aus dem Ausland und wurde von der spanischen Regierung im Jahr 2012 teilweise abgeschafft, so dass unterm Strich festzuhalten ist, dass Spanier wirklich länger arbeiten als Deutsche.

In ihrer überwiegenden Mehrheit haben die Feiertage in Spanien einen religiösen Hintergrund. Zu den acht Feiertagen auf nationaler Ebene, die außer Neujahr, dem Tag der Arbeit, dem Tag der spanischen Verfassung und dem auch Tag der Rasse genannten Tag des Spaniertums (*Día de la Hispanidad* oder *Día de la Raza*) alle kirchlich sind, kommen noch zahlreiche regionale und kommunale Feiertage, die meist einem Schutzpatron gewidmet sind. In Saragossa sind dies der Tag des Heiligen Georg, der in der ganzen Provinz Aragonien begangen wird, und zwei städtische Feiertage: der Tag des Heiligen Valerius und der Tag unserer lieben Frau von der Säule (*Día de Nuestra Señora del Pilar*). Als nicht-religiöse Besonderheit kommt noch der Tag der *Cincomarzada* hinzu. Dieser Tag wird zu Ehren der störrischen Bewohner der Stadt begangen, die wieder einmal irgendwelche an politischen Veränderungen orientierten fremden Besatzer genervt das Weite suchen lassen haben: Das Vertreiben von Eindringlingen mit neuen Ideen ist seit dem Zeitalter der Besetzung der iberischen Halbinsel durch die Mauren eine liebgewonnene Sitte in ganz Spanien. Ob gerade Mauren, Franzosen oder andere Gruppierungen vertrieben werden, spielt dabei eigentlich keine Rolle. Es sei daher nur der Vollständigkeit halber erwähnt, dass es in diesem spezifischen Fall den Basken an den Kragen ging.

Der eigentliche, meist religiöse Anlass der Feiertage wurde mit der Zeit jedoch oftmals deutlich in den Hintergrund gedrängt oder verzerrt: Im Falle der zahlreichen gewaltsam zu Tode gekommenen bedeutenden Figuren der Christenheit etwa besteht das Gedenken meist aus einer Handlung, die mit dem Verzehr von Teigwaren zu tun hat. Ob sich der Heilige Valerius, ein Bischof von Saragossa aus dem 4. Jahrhundert, aber wirklich gewünscht hat, dass seiner mit dem Verzehr von *Roscón* gedacht wird - Roscón ist eine Art kringelförmiger Windbeutel -, ist nicht überliefert und kann bezweifelt werden. An den Heiligen Georg, dessen Erscheinen den Königen von Aragonien den Sieg in mancher Schlacht über die Mauren sicherte, wird durch einen Sandkuchen erinnert, auf dessen Oberseite ein Kreuz aus Zucker angebracht ist. Der Zusammenhang zum Gedenken an die Heilige Agatha von Catanien, die es nicht zu einem eigenen Feiertag geschafft hat, ist immerhin etwas direkter. Ihrer gedenkt man im Februar mit einem Gebäck in Form einer weiblichen Brust, denn der Märtyrerin wurden ihre Brüste durch einen verschmähten Statthalter abgeschnitten. Neben dem Gebäck gibt es auch andere Formen des Gedenkens: Dem Heiligen Lorenzo wird an seinem Feiertag zum Beispiel dadurch gedacht, dass grün-weiße Kleidung getragen wird - vielleicht mochte er ja Werder Bremen. Zu Ehren der Jungfrau von Carmen schließlich, die auch die Schutzheilige der Matrosen ist, die normalerweise eigentlich eher einen anderen Typ Frau bevorzugen, richten viele Orte Feuerwerk aus. Sie wird in 66 spanischen Städten und Dörfern verehrt, auch an solchen Orten, die rund 1000 m überm Meeresspiegel liegen und damit eher wenige Seefahrer anziehen dürften.

Tatsächlich ist fast jeder Feiertag aber nur ein Vorwand für ein Massenbesäufnis. Die Bilder, die in Deutschland von den *Sanfermines* in Pamplona gezeigt werden, spiegeln in Wirklichkeit nur einen winzigen Bruchteil des Festes wieder, denn das Stierrennen dauert nur ein paar Minuten. Ähnlich verhält es sich bei den meisten anderen *Fiestas*, bei denen ein spezielles Ritual vollzogen wird. Der Rest ist dann Alkohol. Bei einer ehrlichen Betrachtung ist dies ja irgendwo auch ein normaleres Verhalten, als den gesamten Feiertag über vor dem Fernseher zu sitzen und abends die Ansprache irgendeines Bundespräsidenten zu hören, dessen Namen sowieso niemand kennt.

Eine Fiesta wird dabei mit einer generalstabsmäßigen Präzision vorbereitet, die Spanier in ihrem sonstigen Leben oft vermissen lassen. Dies betrifft zum einen die Gemeinden: Neben den üblichen Dezernaten und Ausschüssen rund um Finanzen, Bauwesen, Verwaltung und ähnlichem gibt es meist auch ein eigenes Fest- und Feierdezernat. Außerdem machen sich die jungen Frauen schon Monate im Voraus Gedanken, was sie anziehen werden, und Hotels sowie Fahr- und Eintrittskarten werden mit so viel Vorlauf gebucht, dass der gewöhnliche Tourist, der spontan eines dieser Feste besuchen möchte, oft das Nachsehen hat und nirgendwo mehr Aufnahme findet. So ging es mir zum Beispiel während des Karnevals im baskischen *San Sebastián* und auch während eines Stadtfestes in Logroño in der Provinz La Rioja. Der Tourismus der Einheimischen ist neben dem Verbringen des Sommers an einem Badeort in der Tat oftmals auf die mehrtägigen Stadtfeste gerichtet, und es gibt nicht wenige Spanier, die ihre freie Zeit damit verbringen, von einem Fest zum nächsten zu ziehen.

Gibt es einmal keinen konkreten Anlass, ist dies kein Grund, auf Feiern zu verzichten. Es verwundert daher nicht, dass der *Botellón*, bei dem junge Leute auf öffentlichen Plätzen zusammenkommen, um sich gemeinsam und ohne jeglichen Grund zu betrinken, eine spanische Erfindung ist. Dies kann im kleinen Freundeskreis geschehen oder zum Massenereignis ausarten, bei dem tausende Menschen, die sich untereinander nicht kennen, zusammenkommen und den öffentlichen Verkehr lahmlegen. Da das den Vertretern der Staatsmacht dann doch nicht ganz geheuer war, ist der *Botellón* mittlerweile etwas aus der Mode gekommenen, denn durch das Zuweisen öffentlicher Plätze für diese Spontanfeiern durch die Polizei hat er viel von seinem für Spanier besonders attraktiven Reiz des Regelübertretens und Störens der öffentlichen Ordnung verloren.

Sind in Spanien also alle Feiertage nur ein Vorwand? Anders als die nicht so bedeutenden religiösen Feiertage wird Ostern mit einigen Abstrichen durchaus noch in seinem ursprünglichen Sinne zelebriert, dass heißt mit Kirchgang und ohne eierlegende oder -versteckende Hasen. Dunkelhäutige Menschen sollten sich nicht erschrecken, wenn plötzlich Vermummte mit weißen, roten und andersfarbigen spitzen Kapuzen, Kreuzen und bisweilen auch mit brennenden Fackeln vor ihnen auftauchen: Es handelt sich hierbei nicht um die örtliche Vertretung des Ku Klux Klan, sondern um einen Brauch aus dem Mittelalter, bei dem Sünder als Bußakt ohne Schuhe, aber dafür mit Anonymität garantierenden Kapuzen durch die Straßen bis zur Kirche zogen. Heute werden diese Prozessionen zwar nicht mehr von Büßern, aber immer noch von Angehörigen der verschiedenen Kirchengemeinde vollzogen, die auf einer genau festgelegten Route und mit musikalischer Begleitung Heiligenfiguren vor sich hertragen, die auf diese Weise auch einmal an die frische Luft kommen.

Neben Ostern hat die Weihnachtszeit in Spanien die größte Bedeutung. Wer am 24. Dezember mit seinen Geschenken nicht zufrieden ist, kann noch auf den 6. Januar hoffen, den Tag der Heiligen Drei Könige. Da die meisten Bäume Spaniens für den Bau der von den Engländern in Wohnraum für Fische und Algen verwandelten *Armada* verwendet wurden, bedeutet dies allerdings Weihnachten unterm Plastikbaum aus Umweltschutzgründen: Wer beispielsweise in Saragossa einen Baum fällt, der hat fast die Hälfte des gesamten Waldbestandes der Region auf dem Gewissen. Die Plastikbäume und das Fehlen von Schnee lassen Weihnachtsstimmung jedoch nur begrenzt aufkommen, und auch deshalb ist der 6. Januar das wichtigere Fest.

Eine erstaunliche Ausnahme von der spanischen Festkultur bildet nur Sylvester. Am 31. Dezember sitzen die meisten Spanier in relativer Ruhe mit ihren Familien und Freunden zu Hause. Während meiner ersten Jahreswende hier wartete ich ungeduldig auf den Moment, an dem sie vor die Tür gehen, um Feuerwerkskörper und Böller anzuzünden, jedoch kam dieser Moment zu meiner Enttäuschung nicht. Wenn dann die Uhr um Mitternacht zwölf Mal schlägt, werden stattdessen zum Takt der Uhr zwölf Weintrauben gegessen. Das soll Glück bringen, macht aber mitnichten so viel Spaß wie das Vertreiben der bösen Geister mit Hilfe der Böller. Auch wenn die bösen Geister auf diese Weise das ganze Jahr über im Land bleiben, ist den Spaniern andererseits ein Tag der Ruhe im Jahr zu gönnen: Sie haben es ja an den restlichen 364 Tagen schon ordentlich krachen lassen.

Nervt das Feierverhalten der Spanier denn? Keineswegs, denn Volksfeste sind etwas Schönes, und gearbeitet wird trotzdem viel. In diesem Kapitel sollte daher vor allem mit einigen Vorurteilen bezüglich des Arbeitens aufgeräumt werden, um im Folgenden den wirklichen Ursachen der geringeren Leistungsfähigkeit der spanischen Wirtschaft auf den Grund zu gehen.

7. Warum in Spanien einfach kein Meister vom Himmel fallen will

Fremdsprachen, Schule und Berufsausbildung

Im Jahr 2011 gingen Bilder von jungen Spaniern durch die Welt, die bei schönstem Wetter die wichtigsten Plätze aller Großstädte besetzten, um dort zu zelten, fast also wie bei einem gewöhnlichen *Botellón*, nur ohne Alkohol, aber mit politischen Forderungen und Marihuana. Diese sogenannten Indignierten (*indignados*), gegen die hohe Arbeitslosigkeit demonstrierende junge Menschen, bezeichnen sich selbst gerne als Generation, die die beste Ausbildung aller Generationen in Spanien genossen hat und somit hervorragend auf einen Eintritt ins Berufsleben vorbereitet ist. Gleichzeitig bezeichnen sie sich aber auch als „verlorene Generation", denn in völligem Widerspruch zu der Qualität ihrer Ausbildung steht die hohe Arbeitslosigkeit unter ihnen. Mit einer Quote von 34,7 % (Stand Juli 2011) unter den Menschen zwischen 15 und 29 Jahren ist sie so hoch wie in keinem anderen Land der alten EU. Bei den unter 25jährigen erreicht die Arbeitslosigkeit gar rund 50 %.Es lohnt sich, dieses Missverhältnis einmal näher zu betrachten: Sollten die jungen Menschen wirklich alle hochqualifizierte Fachkräfte sein, für die es in Spanien einfach nicht genug Arbeitsstellen gibt, oder steckt noch etwas anderes dahinter?

Um diese Frage beantworten zu können, ist zunächst ein Blick auf das Schul- und Ausbildungssystem Spaniens erforderlich. Oberflächlich betrachtet ist das aktuelle Schulsystem mit dem deutschen absolut vergleichbar: Nach sechs Jahren Grundschule und der Pflicht zu vier weiteren Jahren in der Mittelstufe kann derjenige, der dies möchte, nach zwei zusätzlichen Jahren das Abitur (*bachillerato*) ablegen. Auch die Unterrichtsfächer, die auf dem Weg zum Abitur belegt werden müssen, unterscheiden sich kaum von unseren. In

Spanien ist Bildung aber ein hochideologisches Thema, und bei jedem Machtwechsel in der Politik wird im Rahmen des bereits erläuterten „Wir sind dafür, weil die anderen dagegen sind" sofort eine umfassende und revolutionäre Reform zu Unterrichtsinhalten, Methodik und Didaktik verabschiedet. In der Folge dieser Grundsatzreformen - in den letzten zwanzig Jahren waren es fünf - müssen sich die Lehrkräfte ständig umstellen und die Leidtragenden dessen sind die Schüler.

Ein weiteres Problem ist wieder dem künstlichen Bauboom geschuldet: Viele, die sich bereits für das Ablegen eines höheren Bildungsabschlusses entschieden hatten, brachen diesen Weg für schnell und oft schwarz verdientes Geld auf dem Bau ab. 2000 Euro auf dem monatlichen Gehaltszettel und noch einmal genau so viel Geld unter der Hand waren für eine junge ungelernte Arbeitskraft keine Seltenheit während dieses allgemeinen Wahnsinns. Aktiv Vorschub geleistet wurde dem Schulabbruch dann auch noch durch eine besondere Art der staatlichen Bildungsförderung, die sich in folgendem Satz resümieren lässt: „Kinder, wenn ihr nicht lernen wollt, dann hört doch einfach damit auf!" Tatsächlich wurde das vorzeitige Verlassen der Schule zugunsten einer wenig gehaltvollen, aber schnellen Grundausbildung, die zu einer Tätigkeit in der Bauindustrie befähigt, an den Schulen aktiv propagiert und gefördert.

Im Zusammenhang mit der Vermittlung von Ausbildungsinhalten in den Schulen sind vor allem Sprachen ein großes Problem. Was auch immer in den Klassenräumen geschieht, befähigt im Ergebnis offenbar nicht zu der Beherrschung von Fremdsprachen. Das Ganze ist umso erstaunlicher, als gerade Englisch lange Jahre in der Schule gelehrt wird und in der Regel auch noch eine zweite Fremdsprache zum Unterrichtsprogramm gehört.

Zwar ist Spanisch die am wenigsten komplexe unter den romanischen Sprachen und damit so leicht, dass sogar die Spanier sie beherrschen: Es wird fast alles genauso geschrieben, wie es ausgesprochen wird, und außer dem Subjunktiv und einigen weiteren Besonderheiten bereitet auch die Grammatik keine Schwierigkeiten.

Wer aber kann von sich behaupten, von einem Spanier gehört zu haben, der eine Fremdsprache spricht? Und mit „Fremdsprache" meine ich eine richtige Sprache und keinen von den Regionaldialekten, die in Spanien warum auch immer als eigenständige Sprachen anerkannt sind. Auf diese komme ich erst später zu sprechen. Wikipedia verrät uns, dass die Spanier meist Englisch oder Französisch sprechen. „Ach was", könnte man mit Loriot dazu sagen, denn von den Ministerpräsidenten Zapatero und Rajoy abwärts spricht in Spanien keineswegs irgendjemand Englisch, Französisch oder eine andere Fremdsprache. Spanische Zeitungen machen sich sogar oft einen Spaß daraus, den aktuellen Ministerpräsidenten auf EU-Gipfeln in Situationen abzubilden, in denen er völlig allein und abgesondert von seinen Kollegen steht, weil er der einzige ist, der sich nicht verständigen kann.

Die fehlende Sprachkompetenz ist aber nicht nur ein Problem der Staatsvertreter und der älteren Menschen, sondern gilt auch für die jüngeren Semester, die sich selbst, wie bereits erwähnt, in Bildungsfragen als viel versierter ansehen als die Generationen davor. Nun könnte zwar der Einwand geltend gemacht werden, dass den Spaniern als romanischem Volk gerade Englisch schwer fällt. Dann jedoch müssten sie jedoch zumindest Französisch, Portugiesisch oder Italienisch sprechen können. Können sie aber nicht. Spricht man sie auf ihre Mängel an, bekommt man mit an Sicherheit grenzende Wahrscheinlichkeit die Antwort: „Das kommt daher, dass unsere Filme synchronisiert werden und wir keine Sendungen in Originalsprache mit Untertiteln haben." Ja klar, man muss nur die Filme nicht mehr synchronisieren und plötzlich werden alle zu Sprachgenies.

Eine wirkliche Entschuldigung für die Sprachprobleme ist, dass der Unterricht an den Schulen extrem grammatiklastig ist und zu wenig gesprochen wird, die Probleme aber vielmehr bei der Inkompatibilität der spanischen Phonetik mit fremden Lauten liegen. Spanier haben es tatsächlich sehr schwer, die fremden Laute nachzuahmen, und selbst ich ertappe mich dabei, mit spanischem Akzent zu sprechen, wenn ich plötzlich in die Verlegenheit komme, aus dem Spanischen ins Englische wechseln zu müssen. Zunge und Mund verweigern sich schlicht und ergreifend einer derart drastischen Umstellung: Das weiche *S*, das *Sch*, das ungerollte *R* und das gesprochene *H* kommen in der spanischen Sprache nicht vor. Auch die Abfolge mehrerer Konsonanten hintereinander stellt die Spanier vor Probleme. Vor ein *S*, welches am Anfang eines Wortes von einem weiteren Konsonanten gefolgt wird, setzt man daher zwecks einfacherer Aussprache immer noch ein *E*, wie etwa in *espray* für *Spray*. Völlig verstümmelt wird in diesem Zusammenhang die nordamerikanische Comicfigur *Spiderman*, die auf Spanisch in etwa *Espiederrmann* ausgesprochen wird. Portugiesen zum Beispiel haben es im Vergleich wesentlich einfacher, eine fremde Sprache halbwegs korrekt auszusprechen, da die meisten Laute im Portugiesischen existieren.

Ist es also für einen Spanier ohnehin schon schwer genug, ein Fremdwort richtig auszusprechen, wird dies meist auch gar nicht erst versucht oder gar trainiert. Besonders wenn es darum geht, im Rahmen der eigenen Sprache einen ausländischen Fachbegriff zu verwenden, gilt eine korrekte Aussprache als extrem spießig. Selbst bei meinen Universitätsdozenten hatte ich daher große Mühe, zu erraten, was sie gemeint haben könnten, wenn sie einen Fachbegriff in einer anderen Sprache verwendeten. Die meisten Spanier, die in die Verlegenheit kommen, einen Vortrag zu halten, machen sich aber gar nicht erst die Mühe, in ihren PowerPoint-Präsentationen näher auf die ausländischen Fachbegriffe einzugehen und lassen deren Erläuterung einfach aus - das ist natürlich auch eine Möglichkeit.

Durch das fehlende Training sind die sonst stolzen und selbstbewussten Spanier in Situationen, in denen sie sich wirklich in einer fremden Sprache verständigen müssen, dann sehr schüchtern und ihre merkwürdige Aussprache ist ihnen so peinlich, dass sie den Mund nicht aufbekommen. An der Uni des Heiligen Georg gab es durchaus auch Dozenten, für die Sprachkenntnisse wichtig waren. Immer, wenn sie diese Kenntnisse abfragten, konnte ich jedoch sehen, wie die meisten meiner Kommilitonen damit begannen, den Fußboden zu hypnotisieren oder in ihren Sitzen zusammenzusinken, obwohl nicht wenige unter ihnen gleichzeitig Englischkurse auf Fortgeschrittenenniveau belegten. Auch das Auftreten der Spanier im Ausland kann so erklärt werden: Während Deutsche es peinlichst vermeiden, in der Fremde irgendeinem Landsmann gegenüber ein Zeichen der Sympathie zu vermitteln, sondern lieber schweigend an ihm vorbeihuschen, tendieren Spanier zum entgegengesetzten Extrem und bilden Trauben. Während die propagandistische Erklärung meiner Freunde hierfür ist, dass sie sich deshalb zusammenschließen, weil unter Spaniern eben immer eine fantastische Stimmung herrscht und Ausgehen und Feiern so einfach mehr Spaß macht, liegt der wirkliche Grund auch hier bei den Fremdsprachen: Da sie keine Sprache neben ihrer eigenen in einem ausreichenden Maße beherrschen, sind sie im Ausland isoliert und haben deshalb gar keine andere Wahl, als vor allem unter sich zu bleiben.

Einige Beispiele für eine spanische Aussprache fremder Wörter sind *Wolluage* für *Volkswagen*, oder *Pe-Uh-Jott* für *Peugeot*. Die amerikanische Ketchup-Gruppe *Heinz*, dessen spanische Manager ich einmal kurz kennenlernte, wurde auch bei diesen Managern zu *Che-ienz*. Um zu demonstrieren, dass sie auch wichtig sind, fragten schließlich die Sicherheitskräfte an meinem damaligen Arbeitsplatz an jedem Morgen nach meinem Arbeitgeber, bevor sie mir Zutritt zum Gebäude gewährten. So rief ich dann den Namen meines Arbeitgebers enthusiastisch in die Gegensprechanlage und bekam genauso enthusiastisch ein *¿quién?* (Wer?) zurück. Nachdem sich dieses Ritual jeden Morgen drei Mal wiederholte, sprach ich das Wort letztlich auf spanische Weise aus, und erhielt schließlich Einlass.

Die Krönung des Ganzen ist aber, dass es die Spanier dann selber für vulgär und ungebildet halten, wenn man den Spieß einmal umdreht und ihre Sprache „verschandelt", indem man etwa südamerikanische Begriffe in einen hochspanischen Satz einfließen lässt. Als es einmal darum ging, einen gemeinsamen Text zu korrigieren, ließ sich eine Bekannte minutenlang über ein von mir verwendetes südamerikanisches Wort aus, während es sie offenbar nicht störte, dass in ihrem Teil des Textes die Hälfte aller englischen Begriffe falsch geschrieben waren.

Immerhin versuchen mittlerweile tatsächlich viele junge Menschen, ihre Versäumnisse im Bereich der Sprachkompetenz aufzuarbeiten und belegen Kurse an einer der zahlreichen privaten Sprachschulen, die wie Pilze aus dem Boden schießen. Da es sich hier aber um eine recht neue Entwicklung handelt, finden sich auch viele Betrüger auf dem Markt. So warb eine Schule in Oviedo auf ihrer Internetseite damit, sich auf die deutsche Sprache spezialisiert zu haben, nur Muttersprachler zu beschäftigen und bewährter Partner des „Göthe-Instituts" zu sein. In Barcelona halten sich ausländische Studenten ohne reiche Eltern oder ein besonderes Talent für Aushilfsfunktionen im Gastronomiebereich nicht selten damit über Wasser, an einer Sprachschule Englisch zu lehren. Die Dozenten sind dabei in vielen Fällen keineswegs Muttersprachler, sondern beschränken sich darauf, ihr Schulenglisch weiterzugeben. Diese Tatsache, ihre fehlende Pädagogikausbildung sowie der Umstand, dass die Lehrenden sich in der Stadt aufhalten, um Spaß zu haben und deswegen meist verkatert zum Unterricht kommen, lassen auf dem Weg der Vermittlung der Sprachkenntnisse zwischen Lehrer und Schüler vor allem eines verlorengehen: die Sprachkenntnisse. In diesem Punkt sind die Spanier also wirklich nicht zu beneiden.

Jenseits des Erlernens von Fremdsprachen haben diejenigen, die ihr Wissen am Ende der Schulzeit weiter ausbauen möchten, die Wahl zwischen einem Studium und einer Berufsausbildung. Während ich auf das Studieren in Spanien nicht gesondert eingehen werde, weil dies mit dem Fortgang des Bologna-Prozesses überall in Europa recht ähnlich ist, lohnt eine

Betrachtung der *FP*. *FP* steht für *Formación Profesional* und stellt eine Art unprofessionelle Berufsausbildung dar. Diese ist in eine mittlere und eine gehobene Laufbahn gegliedert, steht damit sowohl frühzeitigen Schulabgängern als auch Abiturienten offen und wird von rund 31 % aller jungen Spanier wahrgenommen, was rund 20 % unter dem europäischen Durchschnitt liegt. Die *formación profesional* ist jedoch je nach Laufbahn etwas oder deutlich kürzer als eine deutsche Berufsausbildung, an der sie sich orientiert. Was dabei vor allem zu kurz kommt, ist der praktische Teil: Dieser ist am Schluss der Ausbildung gebündelt und umfasst zwischen 400 und 700 Stunden. Auch etwa 400 bis 700 Stunden Arbeit haben die Unternehmen mit der Bewältigung des Papierkrieges pro Auszubildendem. Dieser ist trotz der geringen Dauer des praktischen Teils zur Bewältigung der administrativen Vorgaben des spanischen Staates erforderlich und absolut mit dem administrativen Aufwand während einer zwei- oder dreijährigen deutschen Lehre vergleichbar. Für Unternehmen ist es daher nicht attraktiv, junge Menschen im Rahmen der *Formación Profesional* aufzunehmen.

Wer eine Ausbildung mit mehr Praxisgehalt absolvieren möchte, muss hingegen noch Geld mitbringen: Einige, vor allem kleine Unternehmen bieten an, Schulabsolventen gegen Entgelt auszubilden. Diese Art der Ausbildung ist etwas besser als die *Formación Profesional*, jedoch wird bei komplettem Fehlen eines theoretischen Teils von Firma zu Firma völlig unterschiedlich ausgebildet. Die Auswirkung dieses Systems kann in der Praxis leicht festgestellt werden: Wenn vier spanische Fliesenleger nach identischen Anweisungen und mit identischem Material vier gleiche Böden kacheln sollen, sehen diese am Ende völlig unterschiedlich aus.

Sind Spaniens junge Leute also wirklich so gut qualifiziert, wie sie von sich selbst behaupten? Zumindest teilweise nicht. Neben denen, die sich für eine Berufsausbildung zweifelhafter Qualität entschieden haben, stehen vor allem diejenigen, die Schule, Studium oder Ausbildung zu Gunsten einer Karriere auf dem Bau abgebrochen haben, mit leeren Händen da. Wenn man nicht gerade in China und neben einer Fabrik wohnt, wird unqualifizierte Arbeit heute jedoch einfach nicht mehr benötigt. Tragischerweise haben aber gerade diese Menschen den Ernst der Situation nicht erfasst und erwarten noch immer, dass die Baubranche sich wieder erholt und alles so wird wie früher. Während die auf den spanischen Plätzen Kampierenden meist gut qualifizierte Studenten sind, die bei einer leichten Erholung der Wirtschaft ihren Weg schon machen werden, auch wenn es ihnen an Fremdsprachenkenntnissen und der Bereitschaft zu geographischer Mobilität fehlt, sind die ungelernten Arbeitskräfte also die eigentliche verlorene Generation Spaniens.

8. Von der Unmöglichkeit, sich mit ADSL ins Internet einzuwählen

Das Verhalten der Spanier am Arbeitsplatz, Teil I

Die im vorigen Kapitel beschriebenen Fehler und Versäumnisse innerhalb des spanischen Ausbildungssystems haben natürlich ihre Auswirkungen auf die Berufswelt. Wie Facharbeit in Spanien im Einzelnen aussehen kann, soll in diesem Kapitel exemplarisch anhand des Beispiels von Technikern des *Telefónica*-Konzerns beschrieben werden:

Eines Tages unterrichtete mich meine damalige Firmendirektion darüber, dass unsere spanischen Vertragshandwerker das von mir verwaltete Geschäft mit dem Auftrag aufsuchen werden, den Fußboden des Verkaufsraumes auszubessern. Aus Gründen, an die ich mich heute nicht mehr erinnere, konnte ich zu dem Zeitpunkt ihres Erscheinens nicht selbst anwesend sein. So brach ich gezwungenermaßen mit den wichtigsten beiden Geboten im Umgang mit spanischen Facharbeitern: Lass sie keine Sekunde lang aus den Augen und hindere sie nötigenfalls mit vorgehaltener Pistole daran, den Arbeitsplatz vor einer grundlegenden Funktionskontrolle von allem zu verlassen, was sie berührt oder auch nur angesehen haben.
Durch meine Abwesenheit kam es, wie es kommen musste: Die Handwerker besserten nicht etwa den Fußboden aus, welcher weiterhin in einem mangelhaften Zustand blieb. Stattdessen machten sie sich daran, die Elektrik zu überprüfen, denn kurz zuvor wären wir in meinem Geschäft fast verbrannt, weil ein Wasserrohr leckgeschlagen war und die Stromleitungen beschädigt hatte. Knotenpunkte und sensible Stellen der Stromversorgung werden zwar eigentlich durch eine isolierte Plastikbox geschützt, welche unten ein Loch hat, damit Feuchtigkeit aus der Box entweichen kann. In unserem Fall hatten die Elektriker die Box allerdings mit dem Loch nach oben

angebracht, so dass das Wasser aus dem sinnvollerweise direkt darüber installierten Wasserrohr auch wirklich komplett von der Box mit der sensiblen Elektrik aufgenommen werden konnte. Auf diese Weise blieben zumindest die Wände und die Decke trocken.

Natürlich konnten unsere Handwerker neben dem Fußboden auch die Elektrik nicht wiederherstellen, dafür funktionierte nach ihrem Wirken aber wenigstens die ADSL-Verbindung nicht mehr.

Da sich die Handwerker in vorhersehbarer Weise fluchtartig aus dem Staub gemacht hatten und auch telefonisch nicht mehr zu erreichen waren, kam ich in den Genuss einer wertvollen Erfahrung, die ich sonst vielleicht nicht gemacht hätte: der Kontaktaufnahme mit der spanischen Telefongesellschaft *Telefónica*.

In der Nähe des Olympiaparks auf Barcelonas Stadtberg Montjuïc steht ein von dem Unternehmen in Auftrag gegebener und von dem berühmten Architekten *Calatrava* gebauter Sendeturm, der einen Olympioniken mit einer Fackel darstellen soll, aber eher einem großen Stachel ähnelt. Dieser drohend in die Höhe ragende Stachel deutet die Firmenphilosophie des Quasi-Monopolisten dem Kunden gegenüber bereits an: Legt euch bloß nicht mit uns an, denn wir sind stärker.

Ich hatte in meinem Freundes- und Bekanntenkreis zwar schon viel Schlechtes über *Telefónica* gehört, doch da meine Familie in der DDR 17 Jahre auf ein Telefon gewartet hatte, wollte ich mich nicht von diesen - so dachte ich - Amateuren beeindrucken lassen. Auf Anfrage ließ sich tatsächlich nach relativ kurzer Wartezeit ein Techniker blicken. Dieser erklärte mir dann allerdings, dass wir fälschlicherweise um die Verlegung einer neuen Linie gebeten haben, er also nicht dafür zuständig sei, bestehende Fehlfunktionen zu beheben. Soweit so gut, eine Verteilung der Aufgaben zwischen dem Installieren neuer Anschlüsse und dem Pannendienst macht Sinn und so korrigierten wir unseren Auftrag. Vier Stunden später stand dann allerdings im Auftrage des Pannendienstes derselbe Techniker vor mir, der mir anstatt zu arbeiten gerade noch ausführlich erklärt hatte, dass er nichts für mich tun könne, weil er nicht nur ausschließlich dafür zuständig sei, neue Anschlüsse zu installieren, sondern auch gar nicht die Qualifikation habe, Fehlfunktionen zu beheben. Dies immerhin war eine durchaus korrekte Aussage, denn der Techniker konnte den Schaden tatsächlich nicht beheben, so dass wir weiter ohne ADSL auskommen mussten. Seit jenem Tag gaben sich die *Telefónica*-Mitarbeiter, die für ihr bloßes Erscheinen schon 50 Euro haben wollten, bei uns die Klinke in die Hand, konnten das Problem aber nicht lösen. Zwischendurch fielen während einiger erfolgloser Testdurchläufe der ADSL-Linie auch noch die Ersatzverbindung über ISDN sowie die Verbindung für die Kartenlesegeräte aus, was im Einzelhandel einem Super-Gau gleichkommt. Anstatt meiner eigentlichen Beschäftigung nachzugehen, musste ich daher stundenlang mit verschiedenen automatischen Hotlines kommunizieren und im Laufe der Zeit fingen beim Hören des Namens *Telefónica* meine Hände an zu zittern und ich bekam ein nervöses Zucken im Gesicht. Der *Telefónica*-Stachel in Barcelona hatte Recht: Ich hatte das Imperium herausgefordert und die Quittung dafür bekommen. Es sei an dieser Stelle nur noch erwähnt, dass es in den darauffolgenden Monaten vor meinem Umzug nach Barcelona nicht gelang, die ADSL-Verbindung wiederherzustellen...

In diesem Zusammenhang erscheint es nur konsequent, dass der Konzern seiner Leitung 2011 Bonusprogramme im Wert von 450 Millionen Euro gewährt hat, dafür aber gleichzeitig rund 6000 Mitarbeiter entließ - Telefonanschlüsse legen können die Angestellten ohnehin nicht, da können die Chefs das Geld auch gleich selbst behalten.

Dabei ist *Telefónica* nicht nur Spaniens zweitgrößtes Unternehmen nach der *Banco Santander*, sondern auch ein Musterbeispiel für unternehmerischen Erfolg: Über 60 Mrd. Euro Umsatz im Jahr 2010 und einen Reingewinn von rund 16,5 Mrd. Euro verbuchte der Konzern. Den Hauptteil des Umsatzes erzielt er dabei in Lateinamerika: Nach Militärdiktaturen, Hyperinflation,

Erdbeben und anderen Naturkatastrophen nun auch noch *Telefónica*. Hat dieser Kontinent das verdient, möchte man in diesem Zusammenhang fragen.

Um wieder zum Arbeiten in Spanien im Allgemeinen zurückzukommen: Sind spanische Arbeitskräfte wirklich alle inkompetent, oder hat mein ehemaliges Unternehmen einfach nur mit den schlechtesten Handwerkern Spaniens und der Welt zusammengearbeitet? An dieser Stelle muss ich einmal eine Lanze für das spanische Handwerk brechen: Ich habe hier durchaus auch viele Facharbeiter kennengelernt, die sehr qualifiziert waren und genau wussten, was sie zu tun hatten. Allein sind die Voraussetzungen hierfür viel schlechter als in Deutschland.
Neben dem Ausbildungssystem hat dies noch einen weiteren, bislang nicht genannten Grund, nämlich die spanische Arbeitsgesetzgebung und ihre Umsetzung. Bei *Telefónica* ist das Problem, dass der Konzern früher ein Staatsbetrieb war und daher von tausenden unkündbaren Mitarbeitern durchsetzt ist, deren einziges Ziel in ihrem weiteren beruflichen Leben das Erreichen der Rente ist. Bei den meisten Betrieben der freien Wirtschaft ist aber das genaue Gegenteil der Fall: Das Problem besteht darin, dass es besonders seit der Arbeitsmarktreform von 2012 viel zu leicht ist, ein Arbeitsverhältnis zu lösen. Wenn Sie also zufällig Vorsitzender eines Arbeitgeberverbandes oder Besitzer einer Zeitarbeitsfirma sind, sollten Sie unbedingt nach Spanien kommen, denn hier sind Ihre kühnsten Träume schon Wirklichkeit geworden. Das Phänomen der befristeten Verträge und der Beschäftigung über Zeitarbeitsfirmen hat in Spanien riesige und nicht mehr zu kontrollierende Dimensionen angenommen, so dass nur noch weniger als 10% der neu abgeschlossenen Arbeitsverträge unbefristet sind und durch den eigentlichen Arbeitgeber ausgestellt werden. Ein Kündigungsschutz besteht im Grunde auch nicht mehr, denn selbst bei einer betriebsbedingten Kündigung eines Arbeitsverhältnisses ohne Befristung sind die Entschädigungs-

zahlungen an den Angestellten im Vergleich zu Deutschland äußerst gering.

Darüber hinaus gibt es auch zahlreiche gesetzliche Schlupflöcher. Im Einzelhandel zum Beispiel bietet sich nicht selten folgendes Bild: Ein Verkäufer bekommt einen auf drei Monate befristeten Vertrag, der im Anschluss noch einmal um weitere drei Monate verlängert wird. Ist man mit dem Angestellten zufrieden, gibt es danach einen Vertrag über sechs Monate. Insgesamt hat der Angestellte für die Firma also zwölf Monate gearbeitet. Die spanische Gesetzgebung sieht nun vor, dass befristete Verträge insgesamt nur eine Dauer von einem Jahr haben dürfen, bevor ein unbefristeter Arbeitsvertrag folgt. Daher wird der Vertrag des Angestellten natürlich nicht verlängert und er lebt drei Monate auf Kosten der Arbeitsagentur beziehungsweise auf Kosten des Steuerzahlers, bevor er von derselben Firma wieder einen Dreimonatsvertrag bekommt und das Spiel von vorne losgeht. Was eine Firma in Deutschland vor das Arbeitsgericht bringen würde, ist in Spanien nicht nur im Einzelhandel, sondern auch im Handwerk gängige Praxis. Die Vergabe von Spitzenmanagerverträgen an mittlere Führungskräfte ist ein weiteres Beispiel für gesetzlich erlaubten Betrug: Für den Arbeitgeber bedeuten diese Verträge weniger Sozialabgaben, jedoch berechtigen sie den Arbeitnehmer nicht zu Arbeitslosengeld und sehen auch keinerlei Kündigungsschutz vor.

Zu den Lücken in der Gesetzgebung gesellen sich schließlich auch noch Gesetzesübertretungen. Diese werden dadurch begünstigt, dass das spanische Unternehmertum zu über 90 % aus Klein- und Kleinstunternehmen besteht, die unmöglich alle staatlich kontrolliert werden können. Werden spanische Unternehmer nun gefragt, ob die Arbeitsgesetzgebung generell eingehalten wird, werden sie sagen, dass dies bis auf isolierte Einzelfälle so ist. Ich habe in drei Jahren hier allerdings von so vielen Dingen gehört und sie auch selbst erlebt, dass ich zu dem Schluss kommen muss, dass es sich bei diesen isolierten Einzelfällen keineswegs um isolierte

Einzelfälle, sondern eher um die Regel handelt und die spanische Arbeitsgesetzgebung im Grunde nur auf dem Papier bestand hat.

Als studierter Politologe kenne ich schließlich zwar die Theorie, nach der ein liberaler Arbeitsmarkt zu mehr Beschäftigung und zu einem Wettbewerb zwischen den Unternehmen um die besten Arbeitskräfte führt, welcher letztendlich auch höhere Gehälter mit sich bringt. Bei einer Arbeitslosigkeit von fast 25 % wird aber nur bewirkt, dass zwar natürlich nicht alle, aber doch viele Unternehmer in Spanien die Situation ausnutzen und ihre Angestellten schlecht behandeln und noch schlechter bezahlen: Seit der Arbeitsmarktreform erledigen die Spanier, die noch einen Job haben, nicht nur zusätzlich zu ihren eigentlichen Aufgaben die Arbeit von ein bis zwei entlassenen Kollegen. Der Arbeitgeber kann unter gewissen und nicht sehr strikt formulierten Bedingungen außerdem auch einseitig und zeitlich unbefristet das Gehalt seiner Angestellten senken, wovon auch Gebrauch gemacht wird.

Auf der Seite der Angestellten führt dies alles dazu, dass intrinsische Motivation und Loyalität gegenüber dem Arbeitgeber auf einen Nullpunkt sinken und es daher auch kaum einen Spanier gibt, der es aus anderen Motiven als der bloßen Not heraus länger als ein Jahr in demselben Unternehmen aushält - mit 22 Jahren hat ein Spanier daher in der Regel öfter den Arbeitgeber gewechselt als ein 50jähriger Deutscher. Das erklärt dann auch, warum die Isolierungsboxen mit dem Loch nach oben installiert werden: „Ich mache genau die Arbeit, die bei meinem miesen Vertrag angemessen ist", wie ein befreundeter Elektriker sagt. Verdenken kann man ihm das nicht.

Da Loyalität beim Arbeiten trotzdem irgendwie gewährleistet werden muss, haben Freundschaftsverhältnisse eine besonders hohe Bedeutung und sind der Ersatz für Anstand und gute Arbeitsbedingungen. Es ist in Spanien nicht in erster Linie wichtig, was man leistet, sondern mit wem man befreundet ist. „Ich stelle niemanden ein, den ich nicht kenne", meinte zu mir einmal ein Direktor eines Unternehmens aus Madrid mit über 200 Mitarbeitern und machte nicht den Eindruck, als empfinde er dabei irgendeine Form von Unrechtsbewusstsein. Auch Freunde meines eigenen Chefs durfte ich in einigen unserer Filialen als Mitarbeiter begrüßen, und es ist natürlich fast unnötig zu sagen, dass diese Mitarbeiter auch einen unbefristeten Arbeitsvertrag hatten und eine mündlich übermittelte Richtlinie existierte, die die Kritik an diesen Personen untersagte...

Neben den Freundschaftsbeziehungen als Leistungsersatz ist eine weitere Folge der schlechten Arbeitsbedingungen die Schwarzarbeit: Viele Menschen verzichten auf einen Arbeitsvertrag, da sie ohne die Pflicht, einen Beitrag zur Finanzierung der staatlichen Sicherungssysteme zu leisten, mehr verdienen können. Die Existenz von Schwarzarbeit ist zwar jedem bekannt, aber trotzdem tut niemand etwas dagegen. Als es den Menschen vor der Wirtschaftskrise noch gut ging, griff der Staat nicht ein, weil er den illegalen Zusatzverdienst nicht als Problem ansah. Heute traut er sich nicht mehr, weil er die Menschen ohne die Möglichkeit, unter der Hand Geld zu verdienen, in noch größere Armut stürzen würde. Natürlich führt diese Haltung auch dazu, dass diejenigen, die ihre Angestellten versichern und alle Aufträge ordnungsgemäß abrechnen und versteuern, nicht mit den anderen mithalten können. Jüngst machte daher zum Beispiel der Fall einer Vereinigung von 2000 andalusischen Elektrikern aufsehen, die damit drohte, dass ihre Mitglieder geschlossen keine Steuern mehr zahlen werden, wenn die Regierung nicht endlich etwas gegen die illegalen Formen der Beschäftigung tut, die ihre Existenz bedrohen.

In der Konsequenz der Arbeitskultur, zu der sich noch die allgemeine spanische Konfliktkultur gesellt, nach der aus der Sicht der Arbeitgeber Gewerkschaften das Urböse sind und aus Sicht der Arbeitnehmer jeder Unternehmer ein Betrüger ist, besteht eine unverbrüchliche Feindschaft zwischen beiden

Seiten und deshalb wird schlicht und ergreifend ineffizient gearbeitet. In diesem Zusammenhang war nicht alles an der Arbeitsmarktreform schlecht. Sie öffnet auch die Tür zu einem weniger konfliktiven Verhältnis von Arbeitgebern und -nehmern, wie es in Deutschland besteht. Ein solches Verhältnis würde jedoch die Bereitschaft der Arbeitgeber voraussetzen, mit ihren neuen Rechten keinen Missbrauch zu betreiben und so Vertrauen unter den Arbeitnehmern zu begründen, damit diese in schlechten Zeiten selbst zu Einschnitten bereit sind. Ob dies aber angesichts der beschriebenen Praktiken realistisch ist?

9. Ehrenwertes Lügen

Das Verhalten der Spanier am Arbeitsplatz, Teil II

Im Allgemeinen wird Mut bis hin zur Unvernunft als ein wichtiger Teil des nationalen Charakters der Spanier betrachtet. Man denke bloß daran, wie Hernán Cortés mit einer Handvoll Abenteurer in der neuen Welt ein ganzes Reich unterwarf und wie der Torero sich mutig dem wilden Stier entgegenstellt.

Für das Verhalten am Arbeitsplatz gilt dies jedoch nicht. Wird ein spanischer Angestellter auf einen Fehler bei der Ausführung seiner Arbeit angesprochen, wird man in der Folge mit hoher Wahrscheinlichkeit eine „ehrenwerte Lüge" zu hören bekommen: Die ehrenwerte Lüge ist in Japan die einzig gesellschaftlich akzeptierte Form des Lügens und wird dann eingesetzt, wenn durch eine wahre Aussage ein anderer Mensch bloßgestellt werden würde. In Spanien dagegen ist ehrenwertes Lügen erlaubt, wenn man sonst selbst schlecht dasteht.

Für mich als Filial- und später Ausbildungsleiter war diese Haltung besonders betrüblich, da ich meine Mitarbeiter in der großen Mehrzahl der Fälle eigentlich keinen Kopf kürzer machen, sondern ihnen etwas beibringen wollte. Wenn mir nun ein Fehler bei der Artikelsortierung, Schaufensterdekoration, Etikettierung oder ähnlichem auffiel und ich fünf Minuten vorher einen Mitarbeiter bei genau dieser Arbeit gesehen hatte, kam mir von ihm bei der Fehlerkorrektur zuverlässig ein „Ich bin es nicht gewesen" entgegen. In seiner besonders hinterhältigen Variante kann aus dem „Ich bin es nicht gewesen" auch schon mal ein „Das war der Kollege" werden.

Da ich mich nun nicht gerne für dumm verkaufen lasse und es schon gar nicht gerne sehe, wenn dabei auch noch andere Mitarbeiter angeschwärzt werden, versuchte ich in vielen Fällen, den Beweis zu führen, dass eben doch jener Mitarbeiter, der alles abstreitet, den Fehler verursacht hat. Der auf diese Weise Ertappte wird seine Lügengeschichte aber in der Regel solange wie möglich aufrechterhalten. Werden etwa Dienstpläne zu Rate gezogen und es kommt heraus, dass der fälschlich beschuldigte Kollege an dem Tag gar nicht anwesend war, folgt ein: „Aber ich bin es auch nicht gewesen". Wird noch weiter nachgehakt, kommt ein: „Mir hat niemand erklärt, wie man es richtig macht." Es ist fast überflüssig zu erwähnen, dass eine lange und breite Erklärung meistens sehr wohl stattgefunden hat, und zwar mehrmals. Am Ende dieses nervenaufreibenden Prozesses könnte es passieren, dass der Mitarbeiter endlich zugibt, dass er tatsächlich etwas falsch gemacht haben könnte. Zu diesem Zeitpunkt trägt sich der Vorgesetzte allerdings schon mit Gewaltphantasien und Mordgelüsten.

Es verwundert in diesem Zusammenhang nicht, dass auch selbständiges Handeln ohne konkrete Anweisungen nicht besonders weit verbreitet ist. Bevor wieder ein eigener Fehler umständlich geleugnet werden muss, macht der Angestellte lieber gleich gar nichts, denn dann macht er auch nichts falsch. Daher ist es auch kein Zufall, dass das spanische Wort für „Angestellter" *dependiente* heißt, was wörtlich übersetzt „abhängig" bedeutet.

Das Phänomen des ehrenwerten Lügens beschränkte sich dabei keineswegs auf meine Belegschaft in Saragossa - eigentlich mochte ich die Mitarbeiter meiner Stammfiliale dort sehr, und trotz zahlreicher „Ich bin es nicht gewesen"-Situationen arbeiteten sie für spanische Verhältnisse sehr selbständig und unabhängig von mir. Da ich häufig an anderen Standorten eingesetzt war, konnte ich jedoch beobachten, dass ehrenwerte Lügen nicht nur in Saragossa, sondern überall elementarer Bestandteil des Verhältnisses zwischen Vorgesetztem und Untergebenen am Arbeitsplatz sind und man es mehrmals am Tag mit ihnen zu tun bekommt.

Das Verhältnis zu spanischen Dienstleistern und Behörden unterscheidet sich auch nicht wesentlich von dem zu den Angestellten. Nie liegt ein Fehler bei ihnen: Als ich einmal unmittelbar vor einem Flug nach Galizien die Stewardess darauf hinwies, dass der Wagen, auf dem das Gepäck bis zum Flieger gefahren wird, sich mit meinem Koffer wieder vom Flieger entfernt hatte, gab es die übliche Reaktion. „Das kann gar nicht sein. So etwas gibt es nicht. Wir tragen natürlich dafür Sorge, dass ihr Gepäck mitfliegt." Nach etwa fünf Minuten sah ich, wie mein Koffer einfach auf der Rollbahn abgestellt wurde und sich der Gepäckwagen endgültig entfernte. Ich deutete vor der Stewardess mit dem Finger auf meinen Koffer und sagte ihr, dass ich nun doch darauf bestehen müsse, dass genau dieser Koffer noch in den Flieger verladen wird. Jetzt folgte ein hektisches Herumtelefonieren, dessen Ergebnis es war, dass der Gepäckwagen schließlich noch einmal zurückkam, um meinen Koffer zum Flieger zu bringen. Nachdem dies geschehen war, verlagerte sich die Stewardess auf Ausreden. Es sei nicht ihre Zuständigkeit, sich um das Gepäck zu kümmern, denn das mache eine externe Firma. Sie sei überhaupt erst neu hier und ich müsse bei der Gepäckabgabe schon selbst aufpassen. „Ich bin es nicht gewesen", lautete auch hier die Antwort auf die von mir nicht gestellte Schuldfrage.

Mit ehrenwerten Lügen im Behördenrahmen wurde ich konfrontiert, als ich das spanische Arbeitsamt aufsuchte, nachdem ich mich von meinem Arbeitgeber getrennt hatte: Die zuständige Behörde in Barcelona berechnete die Summe falsch, auf die ich Anspruch hatte, so dass ich monatlich nur die Hälfte des mir zustehenden Geldes überwiesen bekam. Gegen diesen Bescheid legte ich dann in Saragossa, wo ich in der Zwischenzeit wieder hingezogen war, formell Einspruch ein. Dort verlor die Behörde allerdings meine Beschwerde. Ich regte mich darüber eigentlich gar nicht auf, denn ich hatte etwas Geld gespart, und außerdem gehe ich ohnehin davon aus, dass Arbeitsämter überall auf der Welt gleich schlecht funktionieren. Deswegen verhielt ich mich auch ausnehmend höflich, als ich mich nach dem Verbleib meines Einspruchs erkundigte. Die zuständige Dame reagierte aber trotzdem sofort defensiv und man merkte, dass sie sich (grundlos) angegriffen fühlte. Für die Klärung des Verbleibes meiner Beschwerde wurde ich zunächst zurück an den Warteplatz geschickt, konnte die Beamten aber hinter einer Glaswand reden hören: Sie: „Hast Du die Beschwerde von diesem Mann im Computer?" Er: „Nein." Sie: „Oh." Als ich dann wieder vortreten durfte, fragte ich, ob sie meine Beschwerde verloren hätten, von der ich glücklicherweise eine Kopie besaß: „Nein, natürlich nicht, aber die Frist, um den Antrag zu bearbeiten, ist ja auch noch gar nicht abgelaufen. Geben sie einmal ihre Kopie her." Das war natürlich eine Lüge, denn die Frist war sehr wohl abgelaufen. Drei Tage später bekam ich dann die Nachricht, dass mein Einspruch positiv beschieden worden sei. Das eigentlich Interessante daran war aber der Briefkopf mit dem Betreff und dem Datum meiner ursprünglichen Beschwerde: Der Sachbearbeiter hatte sie einfach zwei Monate in der Zeit vordatiert, wahrscheinlich damit er seinen Vorgesetzten vorgaukeln konnte, dass sie wirklich fristgerecht bearbeitet worden sei.

Schließlich sind selbst die höchsten Ebenen vor dem ehrenwerten Lügen und der Praxis des „Ich bin es nicht gewesen" nicht gefeit: Eine bis dahin unerreichte Perfektion darin erreichte der ehemalige spanische Ministerpräsident *Zapatero*. Dessen anfängliches Management der schwersten Wirtschaftskrise seit Jahrzehnten bestand nicht etwa darin, seinen Teil der Zuständigkeit an den Vorgängen zu leugnen. *Zapatero* hatte das „Ich bin es nicht gewesen" schon zu einer solchen Meisterschaft weiterentwickelt, dass er die Existenz der Krise abstritt, also des Problems als solchem. Diese Strategie funktionierte immerhin zwei lange Jahre, bis es Spanien dann so schlecht ging, dass er zu den üblichen Unschuldsbeteuerungen übergehen musste und fremde Mächte, Bankkonzerne und Spitzenmanager verantwortlich machte.

Um nach diesem Ausflug in die Politik wieder auf das Verhalten am Arbeitsplatz zurückzukommen: Das „Ich bin es nicht gewesen" wäre deprimierend und ineffizient, gäbe es nicht noch ein zweites bedeutendes Leitmotiv der spanischen Arbeitswelt: das „Wer schreit, hat recht". Es ist in der Tat möglich, fast alles von einem spanischen Dienstleister zu bekommen. Man muss sein Anliegen nur möglichst laut und unhöflich vortragen, ein bis zwei Beleidigungen unter der Gürtellinie anbringen und mit dem nächsthöheren Vorgesetzten drohen. Diese Vorgehensweise würde in Deutschland überhaupt nichts bewirken, hat in Spanien aber meist Erfolg, da sich die Einheimischen so bei ihrer Ehre gepackt fühlen. Auch die umgänglicheren und friedlicheren Gemüter brauchen sich dabei keine Sorgen zu machen: Wer über längere Zeit mit dem „Ich bin es nicht gewesen" konfrontiert wurde, hat so viele Aggressionen angestaut, dass er seine pazifistischen Ideale ohne schlechtes Gewissen über Bord wirft und das „Wer schreit, hat recht" ganz von selbst für sich entdeckt.

Warum aber fühlen viele Spanier oftmals die Notwendigkeit, sich zu rechtfertigen, wenn sie etwas falsch machen, oder zu lügen, wenn sie sonst schlecht dastehen würden? Der Weg, einen Fehler zuzugeben, sich zu entschuldigen und zu sagen, dass es nicht wieder vorkommt, wäre oftmals ein viel leichterer. Dem Vorgesetzten beziehungsweise dem aufgebrachten Kunden wäre auf diese Weise sofort der Wind aus den Segeln genommen. Das Einzige, was mit dem Abstreiten offensichtlicher Tatsachen erreicht werden kann, ist dagegen, sich völlig unglaubwürdig zu machen.

Wo die Ursachen für dieses Verhalten von in die Defensive geratenen Spaniern liegen, weiß ich nicht und kann nur den Versuch einer Erklärung wagen, warum Spanier an ihrem Arbeitsplatz ständig in der Defensive sind: Dies liegt vor allem daran, dass der Ton an einem spanischen Arbeitsplatz viel rauer als an einem deutschen ist. Das ist eigentlich das Gegenteil von dem, was erwartet werden könnte, ist doch ein weit verbreitetes Vorurteil über Spanier der lockere Umgang untereinander auch am Arbeitsplatz. Tatsächlich sind gemeinsame Unternehmungen und das gegenseitige Duzen mit Vorgesetzten in Spanien auch viel häufiger als in Deutschland. Es ist aber auch so, dass ein

„Du Arsch" leichter fällt als ein „Sie Arsch" und Diskussionen sehr schnell auf eine persönliche Ebene abgleiten, wobei der Chef immer am längeren Hebel sitzt.

Neben dem persönlichen Umgang und der bereits erwähnten hohen Arbeitslosigkeit, die zu einer allgemeinen Angst um den eigenen Job führt, ist es aber vor allem der hier oft übliche Führungsstil, der Verunsicherung unter den Angestellten fördert: So ist der spanische Chef der Rolle des Stellvertreters Gottes in seiner Firma grundsätzlich viel näher als der deutsche. Gibt es in Deutschland trotz unzähliger real existierender Gegenbeispiele das Ideal des Führens durch Vorbild und eines Leitungsstils, der Delegieren und das Übertragen von Verantwortung vorsieht, schwankt die Personalführung auf der iberischen Halbinsel zwischen blankem Autoritarismus einerseits und dem völligen Fehlen konkreter Anweisungen andererseits: Der spanische Chef als Vertreter Gottes demonstriert seine Machtstellung vor allem durch Unberechenbarkeit und eine allgemeine Ungebundenheit an Zeit, Raum, Regeln und verbindliche Abmachungen, zum Beispiel im Zusammenhang mit Sitzungsterminen oder Gehaltszusagen. Da Gott oder seine spanischen Vertreter sich außerdem nicht irren können, können sie auch keine konkreten Anweisungen geben, deren Konsequenzen man auf sie zurückführen könnte. Daher gibt es in Meetings fast nie irgendwelche Beschlüsse, und der Chef hält seine Wünsche bewusst vage und nebulös, so dass niemand weiß, was er eigentlich will. Geht die Sache dann schief, kann er seine Zuständigkeit dafür leugnen (eine besonders subtile und perfide Art des „Ich bin es nicht gewesen"). Ich bin daher nur in den seltensten Fällen aus Arbeitsbesprechungen mit einer konkreten Vorstellung gegangen, was nun eigentlich zu tun ist. Statt einer offenen Informationspolitik werden Informationen außerdem oftmals zurückgehalten, damit niemand genauso viel weiß wie der Chef.

Unter dem obersten Vorgesetzten verhalten sich die Menschen auf den mittleren Führungsebenen dagegen oft autokratisch und geben so konkrete und detaillierte

Anweisungen, dass den Mitarbeitern kaum Freiheit bei der Arbeitsausführung gelassen wird. Die spanischen Juniorführungskräfte, die bei meinem ehemaligen Unternehmen in die Ausbildung nach Deutschland geschickt wurden, scheiterten meist in dem Moment, als sie das erste Mal Verantwortung übernehmen sollten, weil sie dann sofort damit anfingen, Mitarbeiter mit jahrzehntelanger Erfahrung im Unternehmen barsch, besserwisserisch und unfreundlich herumzukommandieren. Hinzu kommt, dass generell wenige Dinge mit Geduld erklärt und Fehler oft bestraft werden, wobei das Duzen am Arbeitsplatz zusätzlich einen unsachlichen Ton fördert.

Die auf diese Weise verunsicherten und in die Defensive geratenen Angestellten reagieren in der Folge gerade deshalb mit dem weiter oben ausgeführten Verhalten. Da ändert es wenig, dass man in Spanien mit seinem Chef, mit dem man per Du ist, gleichzeitig in die Disco gehen, ein Fußballspiel gucken oder über sein Privatleben reden kann. Und ganz ehrlich: Wer will das schon?

10. Ein Witz jagt denselben

Spanischer Humor

Der spanische Film, der international durchaus einige Erfolge feiern konnte, hat sich nicht unbedingt durch seine großartigen Komödien hervorgetan, wie es etwa beim jüngeren französischen Film der Fall ist. Dies gilt trotz der Tatsache, dass der unvermeidliche Pedro Almodóvar von seinen Filmen behauptet, sie enthielten schwarzen Humor und manche von ihnen gar als Komödien ausweist - wahrscheinlich besteht der schwarze Humor darin, den Zuschauer hiermit gezielt in die Irre zu führen.

Dies wirft natürlich einige Fragen auf: Ist in Spanien nur *Pedro Almodóvar* nicht witzig, den die meisten Spanier übrigens auch nicht mögen, oder gilt dies für die Mehrheit der Bevölkerung? Und: Gibt es einen spezifisch spanischen Humor und wenn ja, worin besteht dieser dann? Nun, den Humor gibt es und bei einer ersten Annäherung hat er nichts Schwarzes an sich, sondern erscheint eher oberflächlich und vulgär. Spräche Mario Barth Spanisch, würde er hier große Erfolge feiern, denn die Spanier sind genau auf seiner zotigen Linie: Scheiße. Ficken. Schlägerei. Haha, lustig. Auch im Kinosaal wird dies bestätigt: Bei jeder noch so seichten amerikanischen Komödie lacht das Publikum an den seichtesten Stellen und ich falle immer unangenehm auf, weil ich an ganz anderen Stellen lache. Die innerhalb Spaniens bekannteste und beliebteste Komödie, *Torrente - Der dumme Arm des Gesetzes*, ist eine mit dem amerikanischen *Scary Movie* vergleichbare Persiflage, die aber über Slapstick und Witze unter der Gürtellinie ebenfalls nicht hinauskommt.

Meine Beobachtungen bezüglich des Humors beschränken sich aber durchaus nicht nur auf das Kino oder generell auf den Zeitraum meiner Arbeitstätigkeit in der Schuhbranche. Auch während meines Studiums bewiesen viele meiner Kommilitonen und Dozenten einen sehr körperbetonten Sinn für Humor.

Gibt es nun Beispiele für Witze aus diesem Bereich? Da wären zunächst einmal Wortspiele, etwa aus der Kategorie „Es ist nicht dasselbe" (*no es lo mismo*): Es ist nicht dasselbe, zu sagen, „Mein Auto ist ein Mercedes", als „*Mercedes*, komm zu meinem Auto". Oder weniger harmlos: „Es ist nicht dasselbe, die schwarze Acht einzulochen...", und den Rest dieses Satzes kann der interessierte Leser selbst vervollständigen.

Einen ähnlichen Humor haben die Spanier auch, wenn es gilt, spontan zu sein: Ein spanischer Bekannter mit Deutschlanderfahrung sagte mir einmal, dass „große Glocken" (*grandes campanas*) einer der ersten Begriffe gewesen ist, die er sich als Gast in Deutschland merken konnte. Für meine anderen spanischen Tischnachbarn und -nachbarinnen übersetzte ich diesen Begriff mit „große Brüste" (*grandes tetas*), und mein Gegenüber fragte mich dann, wie ich denn auf diese verdorbene Idee käme, da er mir eigentlich gerade einen kirchengeschichtlichen Vortrag hätte halten wollen. Darauf folgte dann allgemeines Gelächter am Tisch.

Neben diesen großartigen Werken spanischer Dichtkunst und Prosa gibt es (noch) einfachere Formen des Humors: Ein anderer spanischer Freund hat mich in einen E-Mail-Verteiler aufgenommen, über den er seine Bekannten regelmäßig mit philosophischen Überlegungen à la „10 Gründe, warum Bier besser ist als Frauen" oder „Wenn Du keine ehrliche Meinung zu deiner Figur hören möchtest, dann frag mich halt nicht" versorgt. In demselben Verteiler schickt er auch obszöne Bilder umher, zum Beispiel von Gemüse: Wurzeln in Form eines Penis, Rüben in Form eines Fötus oder Melonen in der Form von Melonen. Derselbe Freund versichert mir übrigens hoch und heilig, dass er diese E-Mails selbst nur weiterleitet und deren ursprüngliche Quelle katholische und langjährig verheiratete Familienväter aus seinem Bekanntenkreis seien.

Es ist nun nicht so, dass diese Form des Humors ganz und gar blöd oder stumpfsinnig wäre. Man kann in vielen Fällen durchaus darüber lachen. Ich bin auch nicht der Meinung, dass man dahinter sofort Sexismus oder schlechte Erziehung vermuten muss. Dies gilt umso mehr, da es hier anders als in Deutschland überraschenderweise mehrheitlich nicht als unhöflich angesehen wird, in Gegenwart von Frauen entsprechende Bemerkungen zu machen, da diese in vielen Fällen selbst ähnliche Sprüche vom Stapel lassen. Das Problem ist ein anderes: Ein Witz hat nicht dieselben Eigenschaften wie ein guter Wein, und deswegen wird er mit zunehmendem Alter auch nicht besser. Wer in zahlreichen verschiedenen Varianten letztlich immer den gleichen Witz mit derselben Pointe erzählt - und genau darauf läuft es hinaus -, muss damit rechnen, dass der Witz nach einigen Monaten etwas von dem ursprünglichen Charme verliert, den er zu Beginn einmal gehabt haben könnte.

Gibt es neben dieser dominierenden Form des Humors noch irgendetwas anderes? Nun, zunächst einmal sind die Einwohner der verschiedenen Regionen ein weiteres beliebtes Ziel spanischen Humors. Während bei uns vor allem Ostfriesen Zielscheibe des Spottes sind, Witze nach Bundesländern oder Regionen aber selbst zwischen Ost- und Westdeutschen keine wirkliche Bedeutung haben, wird den Einwohnern fast jeder spanischen Region eine bestimmte, negativ überzeichnete Eigenschaft zugeschrieben: Andalusier gelten innerhalb von Spanien als besonders faul, Katalanen als geizig, Madrilenen als dreist und Basken als überheblich. Ein entsprechender Witz über die faulen Andalusier sieht dann etwa so aus: Es ist Olympiade, und beim Hammerwurf treten Deutsche, Russen und Spanier gegeneinander an. Nach dem hünenhaften Deutschen, der in seiner Freizeit im Schwarzwald Bäume fällt und den Hammer 80 m weit wirft, kommt der Russe, der in Sibirien eine Bärenzucht unterhält und 83 m weit wirft. José, ein 1,50 Meter großer Andalusier mit Bierbauch wirft aus dem Stand 120 Meter weit. Als die anderen ihn fragen, wie er das gemacht habe, antwortet er: „Schon mein Vater hat zu mir gesagt: „Junge, wenn Du ein

Werkzeug zum Arbeiten siehst, dann wirf es so weit weg, wie Du nur kannst."

Schließlich gibt es auch eine Art Ostfriesenwitze über die Bewohner einer spanischen Gemeinde Namens *Lepe* in der andalusischen Provinz *Huelva*, die ähnlich wie die Ostfriesen als besonders dumm, naiv und ungeschickt gelten. Was die rund 27.000 armen Bewohner dieser Gemeinde, die vor allem vom Erdbeeranbau und -export lebt, getan haben, um die Zielscheibe des Spottes des ganzen Landes zu werden, kann ich dem Leser allerdings auch nicht erklären. Mit dem Erdbeerexport hat es wahrscheinlich nichts zu tun, so dass es wie im Falle der Ostfriesen wohl keinen wirklichen Grund oder Ursprung für diese Witze gibt.

Die erstaunlichste Beobachtung im Zusammenhang mit spanischem Humor betrifft aber Ironie und Sarkasmus, und hier unterscheiden sich meine eigenen Erfahrungen deutlich von denen anderer, die der Meinung sind, Ironie sei die Sache der Spanier nicht. Ein kolumbianischer Philosoph schrieb in diesem Zusammenhang einmal sinngemäß, dass es die größte Verschwendung von *Cervantes* gewesen sei, mit dem *Don Quijote* ausgerechnet einem Volk ein ironisches Buch hinterlassen zu haben, welches überhaupt keinen Sinn für Ironie besitzt: Während das Buch auch als eine sarkastische Gesellschaftskritik verstanden werden kann und heute auch verstanden wird, die schon im 17. Jahrhundert die im Grunde genommen bis heute anhaltende Nostalgie der Spanier nach ihrer großen Zeit der Ritter und des Mittelalters parodiert, galt der *Don Quijote* den Spaniern in der Tat über Jahrhunderte als ein völlig unpolitisches und harmloses Lesevergnügen.

Ein vorschnelles Urteil über das Fehlen eines Sinns der Spanier für Ironie würde der Wirklichkeit allerdings trotzdem nicht gerecht werden. Während ich diese Art des Humors bei Männern seltener beobachtet habe, mögen überraschenderweise gerade Spanierinnen Ironie und Sarkasmus. Auch wenn sie selbst selten damit beginnen, springen sie zumindest gerne auf den Zug auf:

Eine meiner Angewohnheiten, mit denen ich in Deutschland eher weniger große humoristische Erfolge gefeiert habe, ist es zum Beispiel, Linkshänder zu fragen, ob es ihnen ansonsten gut geht. Als ich diese Frage das erste Mal gegenüber einer spanischen Linkshänderin anbrachte, bekam ich hierauf die knappe und trockene Antwort: „Ach das. Ich schreibe mit links, weil ich die Tochter eines Dämonen bin."

Ein Gespräch mit einer anderen, rothaarigen Freundin lief ungefähr wie folgt ab:
Ich: „Wie hat deine Familie eigentlich die Inquisition überlebt?"
Sie: „Wir haben uns im Wald versteckt, und um zu überleben, haben wir Fremde und Touristen ausgeraubt und getötet."
Ich: „Das kann gar nicht stimmen, denn in Spanien gibt es überhaupt keinen Wald."
Sie: „Dafür gibt es in Deutschland keine Sonne und es ist immer kalt. Deswegen seid ihr ja alle hier und meckert dann ständig über uns."
Ich: „Wenn es dir zu kalt ist, warum gehst Du dann nicht ein bisschen auf den Scheiterhaufen, um Dich aufzuwärmen?"
Sie: „Würde ich ja, aber da wir keine Wälder haben, haben wir auch kein Holz für einen Scheiterhaufen."

Ein kurzes letztes Beispiel für die sarkastische Schlagfertigkeit der Spanierinnen ist folgendes: Vor einem längeren Urlaub in Deutschland sagte ich zu einer Freundin, dass in Berlin anlässlich meiner Rückkehr bestimmt eine große Parade ausgerichtet werde. Meine Freundin überlegte kurz, verdrehte die Augen und sagte spöttisch: „Oder zwei."

Während sich das weibliche Publikum in Deutschland nach meinen Erfahrungen oftmals eher nicht für Sarkasmus erwärmen kann, sondern sich dadurch eher grundlos verletzt oder persönlich angegriffen fühlt und sich beleidigt in das eigene Schneckenhaus zurückzieht, können spanische Frauen also ziemlich witzige Zeitgenossinnen sein, wenn man diese Art des Humors mag. Dabei legen sie eine große Schlagfertigkeit an den Tag, die es selten langweilig werden lässt.

Ein möglicher Grund hierfür mag in dem höheren Selbstbewusstsein liegen, das spanische Frauen bisweilen haben. Wahrscheinlich sind sie aber vor allem positiv überrascht, wenn sie einmal etwas anderes als den weiter oben beschriebenen, immer gleichen Humor des *homo ibericus* hören, an den sie sich über die Jahrhunderte gewöhnt haben mögen, der den meisten von ihnen im Grunde ihres Herzens aber wohl nicht wirklich gefällt, wie sie einem verraten, wenn man sie direkt darauf anspricht. Ich habe mich jedenfalls daran gewöhnt, dass mich hier vor allem Frauen komisch finden und habe daran auch gar nichts auszusetzen.

Sei es wie es sei, in Spanien bewegt sich der Humor tatsächlich die meiste Zeit eher auf dem Niveau eines Haudegens, welcher übrigens auch im wörtlichen Sinne eine spanische Erfindung ist, als auf dem Niveau einer Florettklinge. Trotz einer gewissen Monotonie bedeutet dies für die Liebhaber obszönen und frivolen Humors wie auch die Anhänger von Sarkasmus und Ironie gleichermaßen, dass man hier in nur sehr geringem Maße darauf achten muss, ob sensible Gemüter mit einem in der Runde sitzen, bevor eine entsprechende Bemerkung gemacht werden darf. Die wesentlich lockerere Auffassung von dem, was als unhöflich gilt, ist dabei durchaus nicht unangenehm.

11. Eigentum gehört allen

Warum die Lokalpolizei Diebstahl nicht verfolgt

Sicherheit ist in Spanien eine Thematik, welche fast noch Teil des vorherigen Kapitels über Humor und Ironie sein könnte. Dies liegt in erster Linie an der interessanten Organisation und der hohen Zahl der staatlichen Sicherheitsorgane. Ist Spanien gar ein Polizeistaat? Wer wie ich daran glaubt, dass ein Land desto unsicherer ist, je mehr verschiedene staatliche Sicherheitsorganisationen in ihm existieren, der muss Spanien viel eher für einen sehr unsicheren Ort halten. Die wichtigsten sechs Organe seien hier kurz vorgestellt:

Als erstes wäre da das Militär zu nennen, welches zwei Flugzeugträger unterhält(!), im Inland aber neben dem Katastrophenschutz auch dafür zuständig ist, den Müll wegzuräumen, wenn die Müllabfuhr gerade streikt. Bisweilen wird aufgrund von Notstandsverordnungen auch schon einmal ein Streik aufgelöst, wie etwa der der Fluglotsen im Jahr 2011. In jenem Fall kam es zu der lustigen Situation, dass die spanischen Luftwaffenoffiziere, die bei gleicher Qualifikation etwa ein Zehntel des Gehaltes der zivilen Fluglotsen bekommen, letztere von ihren Forderungen nach einem höheren Lohn abbringen und zum Arbeiten animieren sollten. Dass jeder Fluglotse dies unbeschadet überstanden hat, hat nicht nur mich überrascht.

Für das Inland zuständig sind daneben vor allem die nationale Polizei und die *Guardia Civil*. Erstere entspricht in etwa unserer Polizei und nimmt alle deren Aufgaben wahr. Die *Guardia Civil* nimmt auch Polizeiaufgaben war, ist aber mehr auf die wirklich bösen Jungs und das Wahrnehmen von Zollfunktionen spezialisiert, so dass sie eine gewisse Ähnlichkeit mit unserem Bundesgrenzschutz aufweist. Schließlich ist sie auch überall dort verantwortlich, wo die nationale Polizei aus Budgetgründen nicht vertreten ist.

Unverständlicherweise gibt es darunter aber auch noch die Lokalpolizei (*Policía Local* oder *Guardia Urbana*). Diese ist mit den ordnungsrechtlichen Befugnissen eines Pfadfinderfähnleins ausgestattet. Dennoch verdient ein Lokalpolizist je nach Region fast das Doppelte eines Angehörigen der nationalen Polizei und ist zudem auch noch vor Versetzungen in andere Provinzen geschützt. Falls Sie gerade ausgeraubt werden, kann Ihnen ein Lokalpolizist nicht helfen, denn das würde über seine Befugnisse hinausgehen, aber wenn Sie auf der Flucht vor dem Räuber jemanden nach dem Weg fragen müssen oder eine Ampel ausfällt und der Verkehr geregelt werden muss, ist er zur Stelle. Ich nehme an, das rechtfertigt das höhere Gehalt.

Schließlich haben mit der *Ertzaintza* die Basken und mit den *Mossos d'Escuadra* auch die Katalanen ihre eigenen Polizeikräfte. Dies bedeutet aber natürlich nicht, dass die Nationalpolizei in diesen beiden Provinzen nicht operieren würde, so dass dort mit Nationalpolizei, Lokalpolizei, *Guardia Civil* und der Provinzpolizei vier verschiedene Polizeikräfte nebeneinander operieren.

Wie die Kompetenzverteilung zwischen den verschiedenen Organen geregelt ist, mag durch folgende Episode ersichtlich werden: Nach einem Skiausflug in die *Sierra Nevada* wollten wir per Bus die Rückreise nach Granada antreten. Als der herannahende Busfahrer fast die parkenden Autos rammte, dachten wir uns noch nichts dabei. Als er dann jedoch beim Anfahren auch einen Fußgänger streifte, waren wir schon etwas besorgt, und einer der Fahrgäste rief die Lokalpolizei. Es kam dann auch ein Lokalpolizist, der uns mitteilte, dass er nichts machen könne, weil er hierzu nicht befugt sei. Für solche Fälle sei vielmehr die nationale Polizei zuständig, die aber keine Vertretung an diesem Skiort besäße, so dass ein Angehöriger der *Guardia Civil* aus dem Tal angefordert werden müsse. Nach einer Wartezeit von anderthalb Stunden und einer typisch südländischen Szene, bei der alle Fahrgäste den Busfahrer und den Lokalpolizisten beleidigten und umgekehrt, kam dann die *Guardia Civil* und es stellte sich heraus, dass nicht nur der Bus, sondern auch der Busfahrer ziemlich viel Sprit getankt hatte.

Nach einer weiteren Stunde traf auch ein neuer Busfahrer ein, und wir konnten die Reise fortsetzen, aber nur, damit in Granada unter entsprechendem Zeitverlust *jeder* Fahrgast zu den Vorfällen befragt werden konnte und *jeder* eine Anzeige gegen den Busfahrer stellen musste. Derselbe Busfahrer saß einen Tag später übrigens im selben Bus der gleichen Route, um uns wieder nach Granada zu fahren.

Für welche anderen Delikte wird die Polizei gebraucht? Ein wenig erfreuliches Thema ist in Spanien in diesem Zusammenhang die Kleinkriminalität und vor allem der Taschen- und Ladendiebstahl, wobei sich meine persönlichen Erfahrungen auf den Ladendiebstahl konzentrieren. Als die Revision meines damaligen Unternehmens die ersten Zahlen zu den in Spanien erlittenen Verlusten durch Diebstahl erreichte, wäre dies für sich allein schon ein Grund gewesen, das Geschäft gleich wieder zu schließen. Pro Monat wurde durch unehrliche Kunden eine Summe verloren, die rund fünf Prozent des Umsatzes entsprach, während im Vergleich dazu in anderen Ländern etwa ein Prozent des Umsatzes durch Diebstahl eingebüßt wurde. Als ich gegenüber spanischen Freunden und Bekannten meiner Entrüstung über diesen Umstand Luft machte, mit dem ich jeden Tag bei meiner Tätigkeit konfrontiert war, stieß ich wider Erwarten auf großes Unverständnis. In Spanien gilt Ladendiebstahl ähnlich wie bei uns der Besitz kleiner Mengen von Marihuana als Kavaliersdelikt. Gerade in Zeiten der Wirtschaftskrise nehmen viele junge Spanier die Dinge, die sie sich nicht mehr leisten können, einfach so mit. Schickt sich jemand an, etwas dagegen zu tun, lautet die spanische Volksmeinung in etwa „Lass doch die armen Kinder". Das fehlende Unrechtsbewusstsein im Zusammenhang mit dem Diebstahl ging einmal gar so weit, dass mich eine Angestellte des direkt nebenan gelegenen Geschäftes bestahl. Als sie dabei ertappt wurde, fragte sie nur, ob wir die Polizei nicht vielleicht später rufen könnten, weil sie jetzt im benachbarten Laden arbeiten gehen müsse. Schuldgefühle? Fehlanzeige!

Wie bereits erläutert, senken außerdem Zeitarbeit und die zunehmend schlechte Bezahlung die Loyalität am Arbeitsplatz und damit die Hemmschwelle für Diebstahl auch bei den Arbeitnehmern. Da es in Spanien keine Arbeitszeugnisse gibt, taucht außerdem auch die unrechtmäßige Aneignung von Vermögen des eigenen Unternehmens nirgendwo auf und es ist möglich, heute in einer Firma wegen Diebstahl entlassen zu werden und morgen in einer ahnungslosen Firma der gleichen Branche einen neuen Job zu bekommen.

Im weiteren Verlauf eines Ladendiebstahls fragten mich im Sinne des „Lass doch die armen Kinder" jedoch nicht nur Bekannte, sondern auch die Polizei mehr als einmal, ob ich wirklich eine Anzeige gegen den Ertappten erstatten wolle. Ja, ich wollte immer, und nach dem Termin bei der Polizei stand deshalb meist ein Gerichtstermin an. Für kleinere Delikte sieht das spanische Recht Schnellverfahren (*juicios cortos*) vor, die anders als der Name vielleicht suggerieren könnte, nichts mit dem Einsatz von Schusswaffen zu tun haben. Die Strafen in solchen Verfahren sind als lächerlich bis tragikomisch einzustufen. Kommt es nicht zu einer Geldstrafe, für deren Eintreibung der Gesetzgeber kaum Möglichkeiten vorsieht, gibt es auch die Möglichkeit des Hausarrestes. Während Hausarrest bei der werktätigen Bevölkerung sogar noch einen gewissen Sinn macht, ist dies bei den meist jungen und arbeitslosen Delinquenten nicht der Fall, zumal diese sowieso zur Untätigkeit verdammt sind. Zu allem Überfluss wird dann auch noch ein Polizist dazu verpflichtet, die Einhaltung des Hausarrestes zu überwachen. Anstatt auf der Straße Verbrechen zu verhindern, kann er so zusammen mit dem Delinquenten in dessen Haus bei Kaffee und Kuchen Telenovelas schauen. Manchmal kommt es auch gar nicht erst zu einer Verurteilung, da der Richter auch weiß, dass der Angeklagte eine Geldbuße sowieso nicht begleicht: Einmal habe ich im Kinderwagen eines Ehepaares gestohlene Artikel aus fünf Geschäften gefunden. Am Ende des folgenden Gerichtsprozesses wurde das Ehepaar jedoch mit der

Begründung freigesprochen, dass niemand gesehen hat, wie es sich die Sachen angeeignet hat und die Gegenstände ja theoretisch auch von irgendjemand anderem in dem Kinderwagen hätten platziert worden sein können...

Wie begegnen die Händler dem massiven Diebstahlproblem, welches die spanische Wirtschaft jährlich mehrere Milliarden Euro kostet? Die meisten unter ihnen greifen auf private Sicherheitsdienstleister zurück. Wer in Spanien nichts wird, wird nicht etwa Wirt, sondern Wachmann, da es sich ja für den Laien vornehmlich nur darum handelt, an der Tür zu stehen oder zu sitzen und ab und zu mal eine Runde zu drehen. Da aber auch hierbei mehr Fehler passieren können, als man vielleicht annimmt, braucht es eine Ausbildung, und die haben die meisten Wachleute nicht, auch wenn sie zumeist mit Pistolen ausgestattet sind, was in diesem Zusammenhang eher zusätzlich erschreckt. In der Zeit, in der ich für mein ehemaliges Unternehmen Testdiebstähle durchgeführt habe, war das Stehlen mit oder ohne Sicherheitsmann jedenfalls immer gleich einfach. Das Erstaunliche ist allerdings, dass es so etwas wie einen Vogelscheucheneffekt gibt: Die Spanier lassen sich von diesen Männern und Frauen in Phantasieuniformen tatsächlich beeindrucken, die, wenn ein Bierbauch nicht als abschreckend definiert wird, bis auf wenige Ausnahmen auch nicht über die für eine abschreckende Wirkung erforderliche Statur verfügen. So gehen die Diebstahlzahlen in den Keller, und auf eine merkwürdige Art und Weise wird am Ende doch Sicherheit hergestellt.

Meine eigenen Erfahrungen mit der spanischen Justiz will ich dem Leser schließlich auch nicht vorenthalten. Einmal wurde ich von einer Gruppe zwielichtiger Kunden beschuldigt, sie als „Diebe" bezeichnet und somit eine ehrenrührige Bemerkung gemacht zu haben. Diesen erfundenen Tatbestand gaben sie zur Anzeige, und ich wurde zur Aussage zitiert. Als Beschuldigter hatte ich dann nicht nur das Recht, sondern die Pflicht, mir einen

Verteidiger zu nehmen. Während die Ankläger, meine Kontrahenten, Prozesskostenhilfe beantragen konnten, stellte mir jener Anwalt dann für seine zwanzigminütige physische Anwesenheit bei meinem Verhör eine Rechnung von 120 Euro aus - wenigstens die Tarife für Anwälte sind mit denen in Deutschland absolut vergleichbar. Auch der Staatsanwalt hatte Sinn für Humor und brachte das Ganze zur Anklage. Im Namen des Königs wurde ich dann aber freigesprochen, noch bevor ich zu einer Grundsatzrede über das Funktionieren der Justiz in Spanien ausholen konnte, was ich mit Hilfe dieses Kapitels in schriftlicher Form nachhole.

12. Verwaltung und Recht

Ziviler Ungehorsam und Flexibilität als Leitbilder

Abgesehen von der Rechtsprechung: Wie ist es in Spanien um die gesetzlichen Regelungen, das Rechtsverständnis und die Verwaltung im Allgemeinen bestellt? Mit der spanischen Verwaltung kam ich das erste Mal in Kontakt, als mir meine ehemalige Firma eröffnete, meinen deutschen Arbeitsvertrag nunmehr in einen spanischen verwandeln zu wollen. Im Zuge dessen war es erforderlich, einige Behördengänge zu erledigen und Unterlagen anzufordern, die auch tatsächlich zum Arbeiten in Spanien berechtigen. Konkret sind dies vor allem die Sozialversicherungsnummer und die Meldenummer für Ausländer (*Número de Identificación de Extranjeros* – NIE). Sinnvoll ist auch das Beantragen einer Krankenkarte, die zur Wahrnehmung der kostenlosen Heilfürsorge berechtigt, sowie einer europäischen Krankenkarte, die den Schutz der Gesundheit auf die Europäische Union ausdehnt.

Da ein spanischer Vertrag für mich mit einer gewissen Gehaltseinbuße und weniger Reisespesen verbunden war, hatte ich es nun nicht unbedingt eilig, mich um den Erwerb dieser Dokumente zu kümmern, so dass ich schließlich die wütende und unmissverständliche Weisung aus der Firmenzentrale bekam, die Angelegenheit nun endlich anzugehen.

„Das ist immer noch kein Problem", dachte ich mit der deutschen staatlichen Administration im Hinterkopf. Bevor mir eine Behörde irgendwelche Bescheinigungen ausstellt, können Monate ins Land gehen und ich kann auf diese Weise meinen deutschen Arbeitsvertrag noch ein wenig länger behalten. Dies war aber eine völlige Fehlkalkulation, denn wer von einer spanischen Behörde etwas haben möchte, läuft Gefahr, das Gewünschte in den meisten Fällen noch am selben Tag zu bekommen. Für die Beantragung der Ausländermeldenummer auf dem Ausländeramt wird zwar eine Gebühr fällig, doch bekommt man die Nummer sofort und kann die Gebühr später entrichten. Wer schon einmal einen Freund oder Bekannten in Deutschland auf ein Ausländeramt begleitet hat, wo jedem, aber auch jedem das Messer in der Tasche aufgeht, ist in Spanien also durchaus angenehm überrascht. Dasselbe gilt für die Beantragung der Sozialversicherungsnummer: Auch die gab es noch am selben Tag.

Tatsächlich war ich so überrascht über die unerwartete Geschwindigkeit der spanischen Verwaltung, dass ich mir nicht die Mühe machte, die Formulare auf ihre Richtigkeit zu überprüfen. Zu Hause angekommen, stellte ich dann aber jeweils fest, dass die Orthographie meines Nachnamens einen Spanier vor unüberwindliche Schwierigkeiten stellt, was denjenigen nicht verwundern kann, der das Kapitel über Bildungssystem und Fremdsprachen gelesen hat. Im Falle der Ausländernummer war mein Name einfach nur falsch geschrieben, im Falle der Sozialversicherungsnummer haben die Verwaltungsbeamten den Nachnamen mit der Staatsangehörigkeit verwechselt, so dass ich dort als „Lukas Deutsch" aufgeführt wurde. Klar, das auf dem Reisepass in drei Sprachen ,aber nicht auf Spanisch aufgeführte Wort „Nationalität", unter welchem dann überraschenderweise die Nationalität vermerkt ist, ist ja auch viel weiter entfernt vom spanischen *nacionalidad* als vom Nachnamen, vom *apellido*. „Lukas Deutsch" ist zwar an sich keine falsche Aussage. Dennoch mag ich meinen Nachnamen, und da ich der letzte Nachkomme meiner Familie bin, wollte ich ihn eigentlich auch behalten, so dass ich erneut aufs Amt musste, um die Spanier davon zu überzeugen, ihn mir zurückzugeben. Dies war dann erfreulicherweise auch möglich.

Neben der omnipräsenten Sprachproblematik ist ein weiterer, nicht ganz so effizient gestalteter Aspekt der Verwaltung die mangelnde Absprache zwischen den Behörden. In Deutschland genügt der Gang zum Einwohnermeldeamt, und in der Folge werden alle wichtigen Papiere an die gerade gültige Wohnanschrift gesendet, egal ob man das will oder nicht. In Spanien muss man sich hingegen bei allen Behörden separat ummelden. Da ich hier insgesamt fünf Mal umgezogen bin, aber meistens zu faul war, dies allen Behörden zu kommunizieren, gehen die Schreiben vom Finanzamt, vom Meldeamt, von der Sozialversicherungsbehörde, dem Verkehrsamt und dem Gesundheitsamt nun auch an fünf verschiedene Adressen. Zumindest glaube ich das, denn ich bekomme sie ja nicht.

Alles in allem sind die Verwaltungsinstanzen, mit denen man des Öfteren einmal zu tun hat, trotzdem sehr bürgerfreundlich, gerade im Vergleich zu Deutschland. Wie aber steht es um den Rest, also das spanische Rechtssystem und das Rechtsverständnis an sich? Formell betrachtet ist Spanien ein Rechtsstaat wie jeder andere europäische Staat auch. Es gibt eine Gewaltenteilung zwischen Exekutive, Legislative und Judikative, die Entscheidungen der Justiz sind für die Politik bindend und auch EU-Richtlinien werden in der Regel sofort in nationales Recht umgesetzt. Wenn man sich einmal näher damit beschäftigt, kommt man sogar zu der Erkenntnis, dass der Gesetzgeber auch auf diesem Gebiet mehr als in Deutschland darum bemüht war, fortschrittliche, bürgerfreundliche und effiziente Regelungen zu treffen.

Ein Grund für die trotzdem oft fehlende Rechtsstaatlichkeit in Spanien liegt nun im Rechtsverständnis der Spanier, denn sie empfinden eine diebische Freude dabei, Regeln zu brechen. Wenn sie dazu gebracht werden sollen, etwas zu tun, muss es ihnen nur ausdrücklich verboten werden.

In den weniger wichtigen Dingen ist dies ein sehr sympathischer Zug, da die unzähligen Regelungen und Verordnungen von kleinlichen Politikern und EU-Bürokraten zu Dosenpfand, Mülltrennung, Rauchverbot, der Glühbirne und ähnlichem langsam aber sicher alles aus den europäischen Ländern verbannen, was schön ist oder Spaß macht. Die meisten verbindlichen EU-Richtlinien existieren deshalb in Spanien zwar formell als Gesetz, aber um ihre Einhaltung wird sich ebenso wenig gekümmert, wie um die Einhaltung der als unsinnig empfundenen einheimischen Regelungen. So konnte man die Spanier bis vor kurzem in jeder Kneipe wie eh und je fröhlich rauchen sehen, meistens direkt unter dem entsprechenden Schild, welches darauf hinweist, dass Rauchen in den Kneipen per Gesetz verboten ist. Ein weiteres Beispiel ist das Verkaufsverbot für Alkohol: Ich wäre kurz nach meiner Ankunft in Spanien am liebsten gleich wieder nach Hause gefahren, als mir ein Tankstellenwart nach 22 Uhr kein Bier mehr verkaufen wollte, da dies verboten sei. Meine diesbezüglichen Nachforschungen ergaben, dass es in Spanien auf dem Papier tatsächlich eine Beschränkung des nächtlichen Alkoholverkaufs gibt. Auch dieses Gesetz wird allerdings nicht wirklich ernsthaft umgesetzt, und nach diesem traumatischen Erlebnis hat mir noch ausnahmslos jeder, den ich darum gebeten habe, auch spät abends Bier verkauft.

In wichtigeren Angelegenheiten ist das Übertreten von Regeln aber nicht unbedingt immer so sinnvoll, doch leider gilt das Prinzip des zivilen Ungehorsams offenbar auch für die Mitarbeiter von Regionalregierungen oder staatlichen Behörden. So wird die Einhaltung oder Nicht-Einhaltung von Gesetzen in diesen Kreisen oftmals als machtpolitisches Instrument definiert. Es bestehen in diesem Zusammenhang zum Beispiel gleich vier Beschlüsse der obersten spanischen Gerichte, den Kindern in Katalonien neben dem Regionaldialekt gleichberechtigt auch das Spanische beizubringen. Die katalanische Regierung tut aber nicht das Geringste, um die Urteile umzusetzen.

Neben diesem den inneren Differenzen zwischen den spanischen Regionen geschuldeten Fall ist das mit Abstand bekannteste Beispiel für das Ignorieren von gesetzlichen Bestimmungen jedoch das Küstengesetz (*Ley de costas*). Seit 1988 ist es in Spanien eigentlich verboten, bis ans Meer zu bauen. Das retroaktive Gesetz, welches auch die Gebäude mit einbezieht, welche vor 1988 gebaut wurden, sieht vor, dass ein Freiraum von 20 bis 100 Metern bis zur Küstenlinie bestehen muss. Wer nun schon einmal an Spaniens touristischen Küsten war, dem wird auch die hohe Zahl an riesigen Hotelbetonklötzen nicht entgangen sein, die keineswegs in einem Abstand von 100 Metern zur Küste, aber dafür in auffälligen Widerspruch zu diesem Gesetz stehen. Die Regionalregierungen haben in vielen Provinzen und Gemeinden den Bau von Privathäusern, Hotels und Bungalows einfach weiterhin aktiv gefördert, selbst wenn sie die Richtlinien dieses Gesetzes nicht einhalten. In anderen Fällen wiederum wird das Gesetz streng ausgelegt und angewandt. Wer nun das Pech hat, ein zu nahe am Wasser gebautes Haus zu besitzen, kann sich deshalb nie sicher sein, ob es Morgen auch noch steht.

In der Folge der flexiblen Anwendung von geltendem Recht wird der Willkür Tür und Tor geöffnet und die Korruption unter Politikern und Beamten gefördert. Im Zusammenhang mit dem Küstengesetz etwa wird sich derjenige, der nicht will, dass sein Haus abgerissen wird, gegenüber der staatlichen Stelle gefällig erweisen, die einen Abriss verhindern kann.

Neben der Freude am Ungehorsam gegenüber einer höheren Autorität existieren Flexibilität bei der Rechtsanwendung, Korruption und offenes Regelübertreten aber auch deshalb auf den oberen Ebenen von Administration und Politik, weil diese Verhaltensweisen unter den Normalsterblichen eben nicht nur in unbedeutenden Fragen wie der des Rauchverbots und des Alkoholausschanks genauso existieren. Ein lockerer Umgang auch mit wichtigeren gesetzlichen Bestimmungen ist gesellschaftlich akzeptiert. So ist die Äußerung der IWF-Chefin Christine Lagarde, Griechenland würde es besser gehen, wenn die Menschen dort ihre Steuern zahlen würden, auch auf Spanien anwendbar: Die Steuerhinterziehung grassiert, obwohl die Höhe der zu entrichtenden Steuern und vor allem Sozialabgaben in Spanien im Vergleich zu Deutschland sehr moderat ist. Auf der Suche nach Geldquellen erließ die Regierung in diesem Zusammenhang im Jahr 2012 eine Steueramnestie: Wer sich im Rahmen dieser Amnestie selbst anzeigt, muss nur rund 10 % des hinterzogenen Betrages zahlen. Der Staat rechnet in diesem

Zusammenhang mit Einnahmen von rund drei Milliarden Euro, was im Umkehrschluss bedeutet, dass er von Verlusten von 30 Milliarden Euro durch Steuerhinterziehung ausgeht, und zwar nur durch jenen kleinen Bruchteil der Steuersünder, der sich wirklich stellen will. Wären die Steuern im Sinne von Frau Lagarde bezahlt worden, hätten viele soziale Einschnitte im Zuge der Wirtschaftskrise gar nicht beschlossen werden müssen.

In der Tat passiert in der Politik nichts anderes als das, was der Bürger selbst tut: So wie der Bürger seine Steuern oft nicht zahlt, begleicht auch der Staat seine finanziellen Verpflichtungen nur sehr widerwillig: Während Auftragsrechnungen in Spaniens freier Wirtschaft durchschnittlich nach 90 Tagen beglichen werden und es dazu noch ein (von allen Akteuren in Politik und freier Wirtschaft ignoriertes) Gesetz gibt, nach dem Rechnungen eigentlich spätestens nach 60 Tagen beglichen werden müssen, braucht die öffentliche Verwaltung hierfür in vielen Fällen mehr als ein Jahr. Das einen Auftrag ausführende Unternehmen ist bis dahin nicht selten insolvent. Außerdem fallen die sich anhäufenden Rechnungen der am Rande der Zahlungsunfähigkeit operierenden spanischen Provinzen auch gerne einmal unter den Tisch: Bilanzfälschungen durch die Regionalregierungen sind vor allem vor Wahlkämpfen die Regel. Stets verschwinden dann Schulden und Außenstände und die jeweilige Regierungspartei brüstet sich damit, wie gut sie doch gewirtschaftet habe. Nach den Wahlen tauchen die offenen Rechnungen dann auf wundersame Weise wieder auf, und vom Wahlsieger wird eine gigantische Lücke im Budget bekanntgegeben.

Werden Korruption oder Veruntreuung unter den Regierenden aufgedeckt, ist es im Volk zwar üblich, sich lautstark über deren Charakterlosigkeit und fehlende Moral aufzuregen. Es geht dann aber zum einen um sechs- oder siebenstellige Beträge und nicht um Hausbaukredite zu günstigeren Konditionen, die zollfreie Einfuhr von handgeknüpften Teppichen in Regierungsmaschinen oder abgeschriebene Doktorarbeiten, worüber sich die Öffentlichkeit in Deutschland empört. Derartige Themen würden in Spanien noch nicht einmal in den Spätnachrichten oder auf den hinteren Seiten einer Zeitung erscheinen. Korruption ist zum anderen auch kein Thema, welches einen Politiker ernsthaft gefährden könnte: Im selben Atemzug, in dem sich die Spanier über Korruption unter den Regierenden beklagen, sind sie es selbst, die mit ihrem Votum unter schwerem Korruptionsverdacht stehenden Politikern ihr Vertrauen geben: So wurde zum Beispiel *Francisco Camps*, der im Jahr 2011 amtierende Präsident der Region Valencia, vom Volk bei den Regionalwahlen desselben Jahres trotz aller Korruptionsvorwürfe und anhängiger Verfahren mit einer noch überwältigenderen absoluten Mehrheit im Amt bestätigt, als bei den Wahlen davor.

Das weit verbreitete Schimpfen über die Korruption unter Politikern und Beamten ist daher nur ein sehr oberflächliches Phänomen. Im Unterbewusstsein bewundern viele Spanier diejenigen, die es geschafft haben, viel Geld am Fiskus vorbeizuschaffen und Medien und Öffentlichkeit gleichzeitig für dumm zu verkaufen, weil sie dasselbe tun würden.

So sympathisch es deshalb auch sein mag, als Bürger in kleinem Umfang unsinnige Regelungen und Verordnungen zu übertreten oder flexibel anzuwenden, umso schädlicher ist es, dass dieses Verhalten sich auch auf wichtigere Angelegenheiten ausdehnt und die Rechtsstaatlichkeit so oftmals Willkür und Korruption weichen muss.

13. Föderalismus und Separatismus

Von Stieren und Eseln

Der Stolz der Spanier auf ihre Nation ist allgemein bekannt und wird in einem der folgenden Kapitel noch näher behandelt werden. Gleichzeitig existiert in Spanien jedoch auch eine nicht unbedeutende und vor allem sehr laute Minderheit, die am liebsten nichts mit dem Land zu tun haben würde.

Um den spanischen Föderalismus besser zu verstehen, der sich auch und vor allem in einer wirren Sprachpolitik widerspiegelt, stellen Sie sich zunächst einmal folgende lustige Situation vor: Ein Deutscher wird in Deutschland zu einer hohen Geldbuße verurteilt, weil er deutsch schreibt. Was uns seltsam oder auch geistesgestört vorkommen mag, ist in Katalonien Gang und Gäbe. Jeder Händler ist dazu verpflichtet, seine Waren im Schaufenster auch in der Regionalsprache anzupreisen. Schreibt er hingegen nur Spanisch, blüht ihm eine existenzbedrohende Geldstrafe. Eine ähnliche Sprachregelung mit verbindlichem Charakter gibt es außerhalb Spaniens noch nicht einmal zwischen den auch nicht gerade für ihr harmonisches Miteinander bekannten Flamen und Wallonen in Belgien.

Neben *castellano*, dem Spanischen, sind in Spanien weitere fünf Sprachen anerkannt und haben in einigen Provinzen den Status einer kooffiziellen Amtssprache: Baskisch, Galizisch, Katalanisch, Valenciano (eine Unterart des Katalanischen) und Aranesisch. Letzteres ist eine einem südfranzösischen Dialekt sehr ähnelnde Sprache, die aber nur in einigen abgelegenen Bergregionen Kataloniens gesprochen wird. In dieser Provinz ist Aranesisch auch kooffizielle Amtssprache.

Mit Ausnahme des Baskischen, das weder geschrieben noch gesprochen irgendeine Ähnlichkeit mit dem Spanischen hat - die Sprache, die dem Baskischen zumindest in Bezug auf die Grammatik am meisten ähnelt, ist wohl das Litauische - sind die regionalen Dialekte nun keineswegs eigenständige Idiome, wurden aber im Rahmen einer völlig verfehlten Regionalpolitik dazu erklärt. Galizisch etwa wird von der Provinzregierung mit einigem Erfolg als Sprache gefördert, ist in Wirklichkeit aber einfach nur Spanisch mit portugiesischem Einschlag, da die Provinz direkt an der Grenze zu Portugal liegt. Obwohl sich die Wörter bis auf wenige Ausnahmen wenn überhaupt nur durch einen Buchstaben unterscheiden, zum Beispiel *aberto* anstatt *abierto* für „offen" oder *cen* statt *cien* für „Hundert", muss in Galizien das Meiste in spanischer Sprache und dem galizischem Dialekt gleichzeitig ausgeschildert werden. Dieser brillante Einfall ist ungefähr genauso sinnvoll, wie in Oberbayern auf einer Wegetafel neben dem „Wir befinden uns hier" verpflichtend ein „Da sammer" aufführen zu müssen. Vielleicht handelt es sich dabei aber auch einfach nur um einen Geheimplan der Regierung zur Subventionierung der heimischen Schilderindustrie.

Die schlimmsten Auswüchse der Sprachpolitik wie der separatistischen Bestrebungen im Allgemeinen gibt es neben dem Baskenland in Katalonien. Letztlich ist zwar allen von der katalanischen Provinzregierung bezahlten Sprachwissenschaftlern zum Trotz auch das Katalanische nur eine Mischung aus schlecht gesprochenem Spanisch und Französisch, denn wer beide Sprachen spricht, versteht auch die Katalanen. Die Eigenständigkeit des Katalanischen wird aber an allen Ecken und Enden mit einem bedenklichen Fanatismus verteidigt: Als ich mich nach der Beendigung meines Arbeitsverhältnisses beim Arbeitsamt in Barcelona einfinden musste, war die einzige Frage zu meinen beruflichen Qualifikationen, ob ich Katalanisch spreche. Es ist nun nicht so, dass dies in dieser nordöstlichen Provinz keine brauchbare Fähigkeit wäre. Dass es aber das Einzige war, das den Mann vom Arbeitsamt interessierte, ärgerte mich dann schon. Vielleicht sehe ich ja nicht so aus, es hätte aber theoretisch trotzdem möglich sein können, dass ich irgendein besonderes, dringend benötigtes Talent besitze, welches nicht nur zum Verkauf von Schuhen befähigt.

Auch an anderen Dingen erkennt man die Auswüchse der Sprachpolitik: Ein katalonischer Tarifvertrag beschäftigt sich in etwa der Hälfte seiner Artikel mit den Rechten und Pflichten der Arbeitgeber und -nehmer und in der anderen Hälfte damit, in welcher Sprache sie diese Rechte und Pflichten auszuüben haben.

Am 11. September, der sogenannten *Diada nacional de Catalunya*, die einem Nationalfeiertag gleichkäme, wenn die Katalanen denn eine Nation wären, werden kostenlose Führungen für Ausländer und Touristen angeboten. Im Rahmen dieser Führungen werden zahlreiche Orte sowie Bauwerke und Monumente der Stadt erklärt. Allein: Die Führungen werden in Katalanisch abgehalten, denn die interessierten ausländischen Touristen aller Herren Länder haben gefälligst den katalanischen Dialekt zu beherrschen, wenn sie Barcelona erklärt bekommen wollen. Einzig das „Catalonia is not Spain", welches gerade an diesem Tag auf zahlreichen Plakaten und Fahnen zu lesen ist, ist dann interessanterweise in bestem Englisch gehalten.

Auch im direkten Gespräch mit Katalanen machen diese sich zumeist nicht die Mühe, eine allen zugängliche Sprache zu verwenden, nur weil jemand an der Gesprächsrunde teilnimmt, der nicht aus Katalonien kommt. Da die meisten unter ihnen kein Englisch können, wäre die von allen gesprochene Sprache ja Spanisch, und das wäre vollkommen inakzeptabel. Wer einen Katalanen auf Spanisch anspricht, kann also darauf gefasst sein, eine Antwort in katalanischer Sprache zu erhalten. Deren Inhalt ist durch die bereits erwähnte Nähe zum Spanischen und Französischen zwar irgendwie verständlich, trotzdem ist dieses Verhalten aber einfach nur unhöflich.

Neben der Sprachpolitik treibt der Föderalismus auch auf anderen Gebieten seltsame Blüten: Als in Katalonien nach einem schweren Sturm in vielen Bezirken durch das Umstürzen von Strommasten keine Elektrizität zur Verfügung stand, schickte die spanische Zentralregierung die im Katastrophenschutz entsprechend ausgebildete Einheit des Militärs, um den ob des Umfangs des Stromausfalls überforderten katalanischen Katastrophenschützern zur Seite zu stehen. Innerhalb von 24 Stunden wurde die Einheit von der katalanischen Provinzregierung jedoch zurückgeschickt, weil diese die Zahl spanischer Militärs auf katalanischem Boden möglichst gering halten will. Dank dieser Politik der Regionalregierung mussten die Einwohner der abgelegeneren Gebiete bis zu 5 Tage ohne Elektrizität ausharren.

Weitere Beispiele gibt es viele: So ist der Stierkampf, welcher als ein Symbol Spaniens gilt, obwohl die meisten Spanier diesem etwas archaisch anmutenden Sport ablehnend gegenüberstehen, in Katalonien verboten. Es stehen hierbei aber nicht etwa der Tierschutz oder die sicher berechtigte Frage im Vordergrund, ob ein Wesen, welches lieber einem roten Tuch hinterherläuft, anstatt denjenigen aufzuspießen, der dahinter steht, den Tod verdient hat. Das Verbot besteht im Sinne des „Wir sind dagegen, weil die anderen dafür sind" einfach, um die Spanier zu ärgern.

Auch auf einem anderen Gebiet hat sich der Stier zum Streitobjekt entwickelt: An vielen besonders gut sichtbaren Punkten in der spanischen Landschaft wurden von der Osborne-Gruppe, einem Spirituosen-Hersteller, große Stierfiguren aufgestellt, die auf das Land herabschauen und für eine Brandy-Marke werben sollten. Schnell sind diese Stiere zu einer Art Nationalsymbol geworden und den Separatisten damit ein Dorn im Auge. Die Basken haben sich daher zur Abgrenzung vom spanischen Stier Schafe zu ihrem Symbol erwählt, die Galizier Kühe und die Katalanen Esel. Wer sich nun unbedingt mit einem Esel identifizieren möchte, der sollte davon auch nicht abgehalten werden…

Wenn schließlich eine separatistische Gruppierung bei den Kommunalwahlen ein Rathaus erobert, verschwinden umgehend die spanische Fahne und das Bild des Königs aus allen öffentlichen Gebäuden. Gewinnt beim nächsten Mal eine Partei, die für mehr Zentralität eintritt, wird die Fahne sofort wieder aufgezogen. Natürlich werden von der jeweiligen Opposition auch alle offiziellen politischen Akte solange boykottiert, wie Fahne und König fehlen beziehungsweise nicht fehlen.

Woher kommt der Antagonismus zwischen Zentralspanien und den besonders auf ihre Eigenständigkeit bedachten autonomen Regionen? Wie alles angefangen hat, weiß wohl niemand mehr so genau, doch reicht der Konflikt in jedem Fall bis in die Zeit der maurischen Besetzung der iberischen Halbinsel zurück, in der Katalonien und das Baskenland durch fürstliche Heiratspolitik mit den anderen Teilen Spaniens vereint wurden. Im Laufe der Zeit wurde Spanien dann immer wieder von blutigen inneren Auseinandersetzungen heimgesucht, die sich hauptsächlich an der Frage entzündeten, ob es mehr Föderalismus oder mehr Rechte für die Zentralregierung geben soll.

Heute scheint die Zeit der gewaltsamen Auseinandersetzungen glücklich überwunden, aber warum existieren die oben genannten Auswüchse dann immer noch weiter? Die Katalanen und Basken sehen sich den Zentralspaniern gegenüber, die, wie noch zu sehen sein wird, im Sinne eines oft überzogenen Hurrapatriotismus alle Defizite ihres Landes ausblenden. Dies führt in den Randregionen, die (auch aufgrund ökonomischer Förderung durch die Regierung in Madrid) wirtschaftlich besser dastehen und zumeist auch besser verwaltet werden, zu einer ebenfalls übertriebenen Antireaktion. Ohne zu sehen, dass sie gleichzeitig in hohem Maße von Spanien profitieren, verorten viele Menschen in diesen Regionen alle Schuld für wirtschaftliche und politische Fehlentwicklungen bei der Zentralregierung und gefallen sich selbst auch gerne in der Rolle des vermeintlichen Opfers fremder Unterdrückung. Diese inneren Gegensätze sind dabei keineswegs mit deutschen Befindlichkeiten vergleichbar. Im Vergleich zu den inneren Konflikten in Spanien sind die Streitigkeiten zwischen Ossis und Wessis und Preußen und Bayern vollkommen harmlos.

In der katalanischen Politik ist die Ablehnung Spaniens dennoch eher vordergründiger Natur. Der politische Katalanismus wird zumeist dann hochgehalten, wenn es darum geht, mehr Geld von der Zentralregierung zu erpressen: Wenn Konservative oder Sozialisten keine absolute Mehrheit im spanischen Parlament haben, fungieren die Vertreter der Separatisten als Zünglein an der Waage und lassen sich jede Abstimmung im Sinne der Regierungspartei mit Geld oder Autonomierechten für ihre Region bezahlen. Dies macht Spanien ziemlich unregierbar und schadet dem gesamten Land. Bei den Basken ist die Ablehnung Spaniens dagegen weit grundsätzlicher und erstreckt sich auf größere Teile von Politik und Bevölkerung, wenn auch nicht auf die Mehrheit. Die Verlegung einer Schnellzugtrasse von Madrid nach Bilbao wird von den baskischen separatistischen Parteien beispielsweise mit der Begründung abgelehnt, dass diese Trasse nur für eine bessere Verbindung mit den Großstädten Zentralspaniens, die man sowieso nicht wolle, historisch gewachsene Verbindungen zwischen den baskischen Dorfgemeinden trennen würde. Um zu belegen, wie zeitgemäß dieses Denken ist, ist hier ein kleiner Vergleich angebracht: Mit einer ähnlichen Begründung wie die baskischen Unabhängigkeitsparteien des 21. Jahrhunderts haben auch im 19. Jahrhundert viele Dörfer Europas und Amerikas den Bau der Eisenbahn abgelehnt. Während die Dörfer, die sich für die Eisenbahn entschieden, schnell aufblühten und wirtschaftlich wuchsen, siechten die Gemeinden ohne Eisenbahn dahin und starben langsam aus...

Ob nun meine These richtig ist, dass es im Zeitalter der europäischen Einigung als völlig provinziell und ewiggestrig erscheint, sich von anderen abzugrenzen und einen eigenen Staat zu fordern, sei dahingestellt. Jedoch muss man sie in einer freien Gesellschaft aussprechen dürfen, ohne Angst zu haben. Wenn ich darüber aber mit meinen baskischen Freunden oder auch mit katalanischen Bekannten spreche, die den Unabhängigkeitsbestrebungen auch ablehnend gegenüberstehen, werde ich regelmäßig darauf hingewiesen, die Stimme zu senken. Meine Freunde schauen sich dann ängstlich um, als würden sie erwarten, dass gleich irgendjemand von hinten kommt und sie oder mich für die entsprechenden Äußerungen verprügelt. Die kleine, aber laute Minderheit der überzeugten Separatisten hat die schweigenden Angehörigen der Mehrheit, die sich nicht nur als Katalanen oder Basken, sondern auch als Spanier fühlen, bereits so eingeschüchtert, dass kaum jemand es noch wagt, gegen den ausufernden Föderalismus aufzubegehren. Auch im Bereich der Zuwanderung erreichen die Separatisten ihre Ziele durch Einschüchterung: Viele spanische Unternehmen entscheiden sich bei der Wahl des Unternehmenssitzes für Madrid und gegen Barcelona, weil die Familien der Führungskräfte Angst davor haben, wegen ihrer spanischen Herkunft in Katalonien diskriminiert zu werden. Aufgrund der Furcht vor den fanatischen Separatisten traut sich schließlich auch kaum jemand, deren Verhalten bei seinem Namen zu nennen: Rassismus.

14. Autos und sonstige Verkehrsmittel

Warum Spanier zwar gerne Flughäfen bauen, aber trotzdem nicht fliegen

Autofahren ist in Spanien ein Erlebnis, das in punkto Aufregung Extremsportarten wie Fallschirmspringen oder freihändigem Klettern durchaus in nichts nachsteht. Zu dieser Erkenntnis gelangt jeder, der in Barcelona einmal die *Avenida Diagonal* entlanggefahren ist. Wer einen Bus direkt hinter sich und rechts neben sich sowie ein Großraumtaxi links neben sich hat, welches über die eigene Spur hinausragt und zum Überholmanöver ansetzt, denkt eher nicht als erstes daran, dass Barcelona dank der vielen die Spur begrenzenden Radwege eine sehr fahrradfreundliche Stadt ist.

Das erste Instrument, welches ein junger Spanier kennenlernt, bevor er die Fahrerlaubnis erwerben und sich in das auch außerhalb von Barcelona nicht ungefährliche Getümmel stürzen kann, ist die Hupe. Spanier hupen gerne und häufig. Beispielsweise weisen sie auf diese Art ihren Vordermann darauf hin, dass er die auf allen Autobahnen gültige Höchstgeschwindigkeit von 120 Stundenkilometern wie alle anderen auch um mindestens 25 weitere Stundenkilometer überschreiten sollte, damit der Verkehr zügig vorankommt. Sollte der Vordermann die mit der Hupe mehrfach vorgetragene freundliche Aufforderung, schneller zu fahren oder auszuweichen, einmal nicht gleich verstehen, zeigen Spanier auch hierfür Verständnis. Geduldig erklären sie ihr berechtigtes Anliegen auch Fahranfängern, Ausländern oder anderen Begriffsstutzigen, indem sie bis auf eine Entfernung von fünf Zentimetern zu ihrer Stoßstange aufschließen.

Auch in den zahlreichen Kreisverkehren kommt die Hupe häufig zum Einsatz. Da diese meist unübersichtlich sind, die richtige Ausfahrt nicht gleich erkannt wird und es außerdem als unehrenhaft gilt, nur deshalb eine weitere Runde zu drehen, weil man den Weg nicht gleich erkennt, muss mit Feindeinwirkung von allen Seiten gerechnet werden: Statt eine weitere Runde zu drehen, wird der Nebenmann so lieber zur Vollbremsung genötigt, damit die richtige Ausfahrt auch von innen kommend gerade eben noch genommen werden kann. Auf den Blinker kann dabei verzichtet werden, denn es gibt ja die Hupe.

Auch die anderen Fahrgewohnheiten sind gewöhnungsbedürftig: Eine rote Ampel ist gerade in den Abendstunden weniger als Verpflichtung denn als Empfehlung an den Autofahrer zu verstehen, sich ein paar Sekunden auszuruhen. In den Städten gibt es zwar „Vorfahrt gewähren"-Schilder, aber keineswegs wird es einem auch angekündigt, wenn man selber die Vorfahrt hat. Dies ist besonders in den verwinkelten Gassen der Altstädte verwirrend, da auch das normale „Rechts vor Links" nicht eingehalten wird, sondern der Regel weicht, dass der Fahrer, der aus der irgendwie größeren Straße kommt, die Vorfahrt hat.

Blitzer sind in der überwiegenden Mehrheit der Fälle durch Warnschilder angekündigt, so dass alle Fahrer hinter solch einem Warnschild auf die auch von mir empirisch überprüfte Geschwindigkeit von genau 129,5 Stundenkilometern heruntergehen, bei der der Autobahn-Blitzer in den meisten autonomen Regionen Spaniens noch nicht ausgelöst wird. Danach beschleunigen sie dann wieder. Im Grunde genommen ist dies auch vernünftig, denn gerade auf langen Strecken ist die Gefahr wesentlich höher, bei der eigentlich vorgeschriebenen monotonen Geschwindigkeit von 120 Stundenkilometern einzuschlafen und so einen Unfall zu verursachen, als bei schnellerem Fahren die Kontrolle über das Fahrzeug zu verlieren.

Eine weitere, nicht so erfreuliche Eigenschaft ist schließlich das betrunkene Autofahren. Es mag zwar auch verantwortungsbewussten Deutschen ein bis zwei Mal im Leben unterlaufen sein, mit Freunden in einen Wagen zu steigen, die eigentlich nicht mehr fahrtüchtig waren. In Spanien passiert einem selbiges aber wöchentlich oder mindestens monatlich, egal ob zu Tages- oder Nachtzeiten, auf langen oder kurzen Strecken, oder mit Freunden oder Familie und Kindern. Als ich am spanischen Nationalfeiertag bei guten Freunden zum Essen eingeladen war, kam das Gespräch darauf, zu einem Skiausflug in die Pyrenäen zu fahren, wofür man noch am selben Abend aufbrechen müsse, um am nächsten Tag früh auf der Piste zu sein. Wir hatten alle schon recht viel getrunken und der Sinn stand mir nach allem anderen als Skifahren, dennoch dachte ich mir: „Lass die Spanier mal reden, wir fahren heute sowieso nirgendwo mehr hin." Drei Whisky später löste sich die Runde auf und ich ging nach Hause und legte mich hin, bekam kurz darauf aber einen etwas verstörenden Anruf mit der Information, dass wir jetzt losfahren können. Ich weiß letztlich nicht, was potentiell halsbrecherischer war – betrunken in die Berge zu fahren oder anschließend den Versuch zu unternehmen, mit schwerem Kater und Kreislaufproblemen selbige wieder auf Skiern hinunterzukommen.

Woher kommt das unvorsichtige Verhalten am Steuer, sind die Strafen dafür doch nicht geringer als in Deutschland? Die Einheimischen wissen meist genau, wo mit einer Kontrolle zu rechnen ist, oder kennen, wenn sie doch einmal überrascht werden, jemanden bei der Polizei. Aus Sicht der Verkehrssünder ist es dabei sogar sicherer, Familie und Kinder mit im Auto zu haben, denn dann wird man erst gar nicht angehalten, da die spanische Polizei den aus meiner Sicht entschiedenen Denkfehler begeht, niemanden für so unverantwortlich zu halten, das Leben des eigenen Anhangs zu gefährden.

Es ist bei alledem recht erstaunlich, dass in Spanien proportional betrachtet genauso wenig tödliche Verkehrsunfälle im Jahr beklagt werden wie in Deutschland. Eine mögliche Erklärung für die wenigen Verkehrstoten wäre, dass die hiesige Einwohnerzahl auf gleicher Fläche nur etwas mehr als halb so groß ist. Die statistische Wahrscheinlichkeit, auf einer Straße miteinander zu kollidieren, ist damit auch entsprechend geringer. Da es in Spanien wie bereits ausgeführt auch kaum Bäume gibt, kann man auch nicht wie in Brandenburg in eine Allee brettern. Ein anderer, vielleicht etwas besserer Grund ist, dass sich Spanier beim Autofahren mehr als auf Verkehrsregeln auf ihr Gefühl verlassen, und da alle Spanier offenbar das Gleiche fühlen, funktioniert die Sache. Dies gilt zumindest solange, wie kein Ausländer daherkommt, der sich nicht nach der Intuition, sondern nach den gültigen Verkehrsregeln richtet. Mit einem solchen Verhalten rechnen die Spanier nicht, und es kann zu gefährlichen Situationen kommen. Der intuitive Fahrstil der Spanier kann mit der Zeit glücklicherweise erlernt werden, zumindest von dem, der solange überlebt. Das Risiko dabei besteht allerdings darin, dass man dann für die meisten anderen Länder verkehrsuntauglich ist.

Weiterhin ist Autofahren in Spanien ein recht teurer Spaß: Die Autobahn ist mautpflichtig und ein kostenloser Parkplatz ist in den Städten kaum zu finden. Zumindest was die Autobahnen betrifft, hilft den Spaniern aber die landesübliche Inkohärenz, denn nicht auf allen Schnellstraßen wird Maut verlangt. Dies führt dazu, dass die gebührenpflichtigen Autobahnen nur von Geschäftsleuten benutzt werden, die Spesen geltend machen können. Diese Autobahnen sind daher ziemlich leer und man könnte dort auch bequem wenden oder zu Fuß entlanglaufen, ohne dabei von allzu vielen Autos gestört zu werden. Direkt neben der mautpflichtigen Autobahn gibt es jedoch in den allermeisten Fällen eine kostenfreie Autobahn oder zumindest eine Art Bundesstraße. Diese Straßen sind in der Regel nur in einem geringfügig schlechteren Zustand als die Maut-Autobahnen und ihre Nutzung verzögert die Reise nicht fühlbar, weswegen sie von den meisten PKW genutzt werden.

Den hohen Parkgebühren zu entgehen, gestaltet sich dagegen als nicht ganz so einfach. Gerade in den großen Städten ist das Anmieten eines Stellplatzes für einen pro Monat zu entrichtenden dreistelligen Betrag fast unausweichlich, es sei denn, es stört einen nicht, nach dem Arbeitstag noch 30 bis 60 Minuten für die Suche eines Parkplatzes aufzuwenden.

Neben dem Kostenfaktor gestaltet sich das Parken außerdem auch noch als eine sehr schwierige Übung und fast alle spanischen Autos weisen mitgenommene Stoßstangen vorne und hinten sowie Beulen und Kratzer auf Höhe der Türen auf. Durch den Platzmangel in den spanischen Städten mit ihren winzigen Gassen ist das Einparken oftmals eine Frage von Millimetern. Steht der Wagen erst einmal zwischen zwei anderen Autos, ist die nächste Frage, wie er da wieder herauskommen soll. Viele Spanier wissen sich dann nicht anders zu helfen, als dem vorderen oder hinteren Kraftfahrzeug einen leichten Schubs zu geben und sich so den notwendigen Platz zu verschaffen. Anders als die spanischen Wagen, die alle noch über Hartplastik an den Seiten verfügen, war das mir von der Firma zeitweilig zur Verfügung gestellte Fortbewegungsmittel aus Wolfsburg hierfür denkbar ungeeignet und da öfter einmal zu viel Auto für zu wenig Parklücke vorhanden war, wurde aus dem schwarzen VW an manchen Stellen bald ein Silbermetallic.

Ganz anders als das traumatische Erlebnis des Autofahrens gestaltet sich das Benutzen der öffentlichen Verkehrsmittel: In zwei Jahren arbeitsbedingter Vielfahrerei habe ich es nicht ein einziges Mal erlebt, dass der spanische Schnellzug *AVE* zu spät gekommen wäre. Der *AVE* ist in der Tat pünktlich, relativ preiswert, komfortabel, wird von freundlichen und hilfsbereiten Angestellten begleitet und ist damit ungefähr all das, was die Deutsche Bahn nicht ist.

Die anderen spanischen Zugmodelle, die einen ähnlichen Service und Komfort zu bieten haben, sind zwar besonders durch eine absolut ineffiziente Routenführung weit langsamer als der AVE. Als preisgünstige und immer noch recht schnelle Alternative kann jedoch wie in Südamerika auch auf den in Deutschland oft verschmähten Bus zurückgegriffen werden, denn das Busnetz erstreckt sich bis in die abgelegensten Winkel des Landes. Für Erheiterung sorgen hier allenfalls die Filme, die in diesen Bussen manchmal gezeigt werden. Es ist zwar ein großes Plus gegenüber deutschen Fernverkehrsmitteln, dass überhaupt Filme zur Unterhaltung der Fahrgäste zur Verfügung stehen. Ob jedoch ältere Damen ab 60 Jahren, die diese Busse auch benutzen, Filme von Quentin Tarantino oder Stephen King oder ein erbauliches Kriegsgemetzel genauso unterhaltsam finden wie das jüngere Publikum, darf bezweifelt werden. Um sicher zu gehen, dass ältere Menschen trotz eines eventuell schlechten Gehörs die ausgestrahlten Filme auch wirklich mitbekommen, wurden diese bis vor kurzem auch nicht selten in voller Lautstärke abgespielt, während heute meist Kopfhörer verteilt werden.

Schließlich sind auch die Verkehrsmittel des öffentlichen Nahverkehrs eine alles in allem angenehme Erfahrung: In den großen Städten können die meisten Punkte für wenig Geld in kurzer Zeit erreicht werden. Die Nutzung der U-Bahn in Madrid kostet 1,50 Euro, in Barcelona kostet eine Sammelkarte für zehn U-Bahnfahrten etwa neun Euro. Allerdings: Die Brieftasche ist stets am Körper zu tragen. Dies gilt vor allem, wenn Sie als Tourist zu erkennen sind.

Schließlich kommt hier auch für alle die Antwort, die sich schon einmal die Frage gestellt haben, was in Spanien mit EU-Fördergeldern gemacht wird: Flughäfen. Eines der beliebtesten Hobbys von spanischen Ratsherren, Regionalverwaltungen und Bauunternehmen ist es in der Tat, Flughäfen zu entwerfen und zu bauen. So kann man sich gerade als Regionalpolitiker des Einflusses der in Spanien alles beherrschenden Baubranche versichern und gewinnt damit auch die nächsten Wahlen.

Wer sich in Spanien mit dem Flieger fortbewegen will, könnte dies daher eigentlich von einem der 52 Flughäfen aus tun, die für den Passagierverkehr geöffnet sind. Die Sache hat nur einen Haken: Realistische Rentabilitätsstudien scheinen die spanischen Hobby-Flughafenbauer weniger gerne in Auftrag zu geben. Aufgrund der völlig fehlenden Nachfrage und Wirtschaftlichkeit starten von Spaniens Flughäfen somit bis auf einige Ausnahmen nur ganz wenige Flüge. In Galizien etwa wohnen knapp 2,8 Mio. Menschen und es gibt drei für die zivile

Luftfahrt geöffnete Flughäfen: *Alvedro* (*La Coruña*), *Peinador* (*Vigo*) und *Lavacolla* (*Santiago de Compostela*). Von diesen Flughäfen starten jeweils etwa 12 Flüge am Tag. Diese sind zwar kaum ausgelastet, dafür aber wenigstens massiv subventioniert. Zum Vergleich sei erwähnt, dass an einem der beiden Berliner Flughäfen in rund zwei Stunden so viele Flieger abgefertigt werden, wie in ganz Galizien an einem Tag.

Zwei andere Zahlen machen das Argument vielleicht noch deutlicher: An 19 spanischen Flughäfen werden weniger als 300 Passagiere pro Tag abgefertigt. An dem Flughafen von *Huesca* (52.000 Einwohner) in Aragonien, von wo aus im Winter mehr oder weniger gut der Skiurlaub in den Pyrenäen angesteuert werden kann, sind es im Sommer durchschnittlich vier (!) Passagiere im Monat.

Es gibt heute außerdem regelrechte Geisterflughäfen: Der Flughafen von *Ciudad Real* in der Provinz Kastilien-La Mancha, der passenderweise den Namen *Don Quijote* trug, wurde erst 2008 fertiggestellt und liegt heute, knapp fünf Jahre später, völlig still. An anderen, kaum von Passagieren frequentierten *aeropuertos* gibt es zwar etwas Frachtverkehr. Jedoch sind Unterhalt und Subventionierung dieser Flughäfen auch mit Frachtverkehr ein gigantischer Kostenpunkt, der die ohnehin schon schwer angeschlagenen spanischen Staatsfinanzen sinnlos belastet. Für sinnlose Geldverschwendung gibt es übrigens einen hübschen spanischen Ausdruck: *Echar la casa por la ventana* - das Haus zum Fenster hinauswerfen. Anstatt weiter einen Flugverkehr zu subventionieren, für den es keine Passagiere gibt, wäre es da vielleicht einfach besser, die überzähligen Flughäfen in milliardenschwere Golfplätze, Go-Kart-Bahnen oder Niststätten für seltene Vogelarten zu verwandeln. Man könnte natürlich auch einfach einen spanischen Flughafen demontieren, um ihn in Berlin-Schönefeld wieder aufzubauen.

15. Sport und Körperkult

Tätowierte Streifenhörnchen auf Diät

Gegenwärtig herrscht in Spanien eine gigantische Sportbegeisterung. Wie viel Bedeutung Sport in Spanien beigemessen wird, ist schon an dem Zeitraum ersichtlich, dem man diesem Themenbereich im Fernsehen zugesteht: In einer beliebigen spanischen Nachrichtensendung ist etwa ein Viertel der Zeit für Nachrichten reserviert, die Hälfte für Sport und ein weiteres Viertel für einen epischen Bericht über das Wetter, welches ein weiteres Thema zu sein scheint, das die Spanier umtreibt.

Die Sportbegeisterung äußert sich aber nicht nur im sportlichen Verfolgen von entsprechenden Fernsehübertragungen von der Couch aus. Nein, fast jeder Spanier investiert viel Zeit, um je nach körperlichem Tauglichkeitsgrad einer echten sportlichen Betätigung jenseits des Sofas nachzugehen.

Wer für Sport physisch ganz und gar ungeeignet ist, oder sich zumindest nicht besonders anstrengen möchte, spielt meistens *Pádel*, eine dem Tennis ähnelnde Sportart. Die Unterschiede zum Tennis sind das kleinere Feld, die langsameren Bälle und die weniger elastischen Schläger. Auf diese Weise wird sichergestellt, dass jede anstrengende Bewegung, wie sie dem unvorsichtigen Sportsfreund beim Tennis schon einmal passieren kann, vermieden wird.

Die zweite Stufe sportlicher Tätigkeit wird ähnlich wie in Deutschland von denen erreicht, die regelmäßig ein Fitnessstudio besuchen. Neben den Besuchern der Fitnessstudios und den Pseudo-Tennisspielern gibt es aber auch noch eine dritte Gruppe, deren Hobby es ist, sich am Rande des Leistungssports zu bewegen. So habe ich hier nicht wenige junge Menschen kennengelernt, die in ihrer Freizeit mal eben 20 Kilometer in bergigem Gelände laufen gehen, 200 km Fahrrad fahren oder auch am Ironman teilnehmen. Die Zahl der Angehörigen dieser Gruppe ist viel größer als in Deutschland und bisweilen schafft tatsächlich einer unter ihnen den Sprung in den Leistungssport, was wiederum die Kontinuität der sportlichen Erfolge Spaniens in internationalen Wettkämpfen sicherstellt.

Während Besucher der iberischen Halbinsel aus dem Norden Europas noch zu Beginn und in der Mitte des 20. Jahrhunderts die dortige Bevölkerung als klein und untersetzt beschrieben, kann letzteres aufgrund der weiten Verbreitung sportlicher Tätigkeiten heute also wirklich nicht mehr gesagt werden. Klein sind sie zwar immer noch. Dies ist für Menschen wie mich, die in Deutschland beim nach Körpergröße geordneten Antreten im Sportunterricht oder während des Wehrdienstes immer sehr weit hinten standen, aber durchaus erfreulich.

Ein Grund dafür, warum Spanier so viel Zeit mit sportlichen Aktivitäten verbringen, ist das hier geltende Schönheitsideal: Für Spanierinnen ist es zwar noch relativ unkompliziert, als schön zu gelten. Es ist meist damit getan, sich an verschiedenen sichtbaren und unsichtbaren Stellen tätowieren zu lassen, Make-up in mehreren Schichten aufzutragen, kniehohe Stiefel auch im Sommer anzuziehen und sich mit der spanischen Version der Burkha zu bedecken - dem *flequillo*. Der *flequillo* ist ein mehr oder meistens weniger gut geschnittener Pony, der bis zu den Augenbrauen heruntergeht und an den Seiten auf Höhe der Schläfen im rechten Winkel nach unten bis zu den Schultern gezogen wird, um dann zwischen den beiden Schultern eine ebenfalls rechtwinklige Linie zu bilden. Dieser Haarschnitt, welcher von fast allen jungen Spanierinnen getragen wird oder einmal getragen wurde, verdeckt die Stirn, die Wangen, die Ohren, Teile des Halses und die Schultern.

Für Männer ist das Schönheitsideal dagegen mit der bereits weiter oben beschriebenen sportlichen Anstrengung verbunden, denn es gilt als hübsch, besonders viele Muskeln zur Schau stellen zu können, wofür neben dem Besuch des Fitnessstudios oft auch noch eine spezielle Diät vonnöten ist. Zu den Muskeln kommen ein T-Shirt mit V-Ausschnitt, eine rasierte Brust, Ohrringe und, wie bei den Frauen auch, eine besonders typische und meistens eher schlecht geschnittene Frisur - der Halb-Punk: Wie die echte Punkfrisur besteht dieser aus einem Streifen längerer Haare, der sich in der Mitte des Kopfes von der Stirn bis zum Nacken erstreckt, aber anders als der richtige Punk in eine unauffällige Farbe wie Blond oder Braun eingefärbt wird. Außerdem werden die restlichen Haare nicht völlig wegrasiert, sondern einfach nur kürzer geschnitten, weswegen ich stets, wenn ich diese Frisur erblickte, an Streifenhörnchen denken musste. Schließlich kommen noch die auch bei Männern unvermeidlichen Tätowierungen hinzu.

Egal ob Mann oder Frau: Ist eine Tätowierung dezent, kann sie durchaus schön aussehen und stilvoll wirken. Es verwundert daher nicht, dass Tätowierungen in Spanien in allen gesellschaftlichen Schichten akzeptiert sind. Es gibt aber auch viele Spanier, die sich in Bezug auf die Tätowierungen wie Neureiche verhalten, die sich mit unzähligem Goldschmuck behängen. Aufgrund ihrer vielen großflächigen Tätowierungen kommen diese Menschen deshalb wie ein lebendes Bilderbuch daher. Auch sind die Motive nicht immer sehr geschmackvoll gewählt, worüber man aber lieber keine Witze machen sollte, da die Tätowierungen den Betroffenen ja ähnlich wie Narben das ganze Leben lang erhalten bleiben: Als ich einmal eine junge Dame fragte, ob sie sich ihren eigenen Namen eintätowieren lassen hat, weil sie ihn sonst vergessen würde, konnte sie darüber in der Tat nicht lachen.

Eine naheliegende Frage in diesem Zusammenhang ist schließlich, wie das Ganze nach einigen Jahren körperlichen Abbaus aussieht. Da das von mir beschriebene Schönheitsideal aber noch nicht so lange existiert, gibt es auch noch keine Studien darüber, wie herunterhängende Hautfetzen mit zerlaufenen Tätowierungen die Scheidungsrate bei der Bevölkerung ab einem Alter von vierzig Jahren beeinflussen. Derartige Überlegungen interessieren die jungen Spanier aber auch gar nicht. Sie leben im Hier und Jetzt.

Neben der Definition von dem, was als schön gilt, ist ein weiterer Grund für die Sportbegeisterung der, dass sich die Spanier damit von anderen Dingen ablenken können. Nur die wenigsten werden sich in diesem Zusammenhang noch daran erinnern, dass uns Frau Merkel während der deutschen Siege bei der Fußball-WM im Jahr 2006 ohne jegliche negative Konsequenzen für ihr Ansehen die Mehrwertsteuererhöhung und die Gesundheitsreform unterschieben konnte. Gott sei Dank konnte die DFB-Mannschaft in jenem Jahr den Weltmeistertitel nicht gewinnen, sonst wäre unter allgemeinem Jubel wahrscheinlich auch die Leibeigenschaft wieder eingeführt worden. In Spanien verhält es sich ähnlich: Der Sport wird als Ablenkung und zum Frustabbau gebraucht. Da durch die Wirtschaftskrise Erfolge auf vielen anderen Gebieten dauerhaft ausbleiben und fast jeder Haushalt mittlerweile die von der Regierung beschlossenen finanziellen Einschnitte fühlt, rückt der Sport als eines der wenigen Felder, auf denen noch Erfolge verbucht werden können, immer mehr in den Vordergrund. Auch wenn neidlos anzuerkennen ist, dass Spanien gegenwärtig in vielen Sportarten absolut führend ist, handelt es sich hierbei also vor allem um einen Trostpreis. Wenn die Iberer einmal so viel Energie in wichtige Unternehmungen stecken würden, zum Beispiel in Bildung, wären sie wohl wie zu Zeiten des Habsburgerkaisers Karl V., der als König Karl I. auch über Spanien herrschte, wieder nahe an der Weltherrschaft. Um der historischen Wahrheit zu ihrem Recht zu verhelfen, sei hier noch erwähnt, dass Kaiser Karl übrigens lieber von Spanien als von Deutschland aus regierte.

Was nun neben der aktiven Leibesertüchtigung die Teilnahme an sportlichen Massenveranstaltungen zur kollektiven und persönlichen Erbauung angeht, ist das beliebteste Spiel natürlich der Fußball, und zwar sowohl auf Ebene der Nationalmannschaft als auch auf der des Vereinsfußballs. Die Begeisterung für die Nationalmannschaft fing allerdings erst mit ihren letzten beiden Erfolgen bei der Europa- und bei der

Weltmeisterschaft an, auch wenn sie sich dann sogar auf Katalonien und das Baskenland erstreckte. Vor 2008 erfreuten sich die Spiele der *Furia Roja*, der roten Furie, jedoch über viel weniger Aufmerksamkeit als der Vereinsfußball, denn meist haben die Spanier schon zwei Lieblingsvereine: Einer dieser Vereine ist immer eine der unüberwindlichen Ausnahmemannschaften der Liga, also entweder der *FC Barcelona oder Real Madrid*. Gleichzeitig ist man aber auch noch Fan des Clubs seiner Heimatregion. Dies kann opportunistisch erscheinen. Nur Fan des Clubs seiner Stadt zu sein, wäre für sich allein genommen jedoch zutiefst deprimierend, denn diese Clubs gehen gegen Real und Barça regelmäßig mit vier bis acht Toren Unterschied unter und sind zur Bedeutungslosigkeit verurteilt, da sie nie die Chance auf den Gewinn einer Meisterschaft haben. Trotz des im Vergleich zu Deutschland unumstritten viel höheren Niveaus ihrer Spitzenmannschaften sind es gerade diese Niveauunterschiede, die die spanische Liga bei näherer Betrachtung zu einer ziemlich langweiligen Angelegenheit machen. Ich persönlich bevorzuge in diesem Aspekt die Bundesliga, wo bis vor kurzem noch eine relative Ausgewogenheit herrschte und fast jede Mannschaft die Bayern schlagen und die Meisterschaft gewinnen konnte.

Was sind die Gründe für die hohen Qualitätsunterschiede? Auf der einen Seite verfolgen Barcelona und Madrid eine wirtschaftliche Strategie, die mit Fußball eigentlich nur noch wenig zu tun hat. Die beiden Vereine finanzieren sich statt über Fußball vielmehr über die weltweite Vermarktung von Sportbekleidung mit dem Vereinsemblem und daneben auch über Fernsehrechte. Die anderen Vereine haben dagegen überhaupt kein Geld: Sind Hoffenheim und Dietmar Hopp im deutschen Profifußball Gott sei Dank die große Ausnahme, ist der Mäzen unter spanischen Fußballclubs viel weiter verbreitet, und die meisten Vereine sind in Privatbesitz. Während der Wirtschaftskrise sind nun viele dieser fußballclubeignenden Unternehmer bankrott gegangen oder haben zumindest kein

Geld mehr, um es in einen Verein zu investieren. Außerdem sind die Gelder für Fernsehrechte nach Erfolg gestaffelt, weswegen die anderen Vereine auch hier das Nachsehen gegenüber Madrid und Barça haben. Die Folge davon ist, dass keine neuen Spieler geholt werden können und teilweise auch Gehälter nicht weiterbezahlt werden. In der Spielzeit 2011/12 kam es aufgrund der ausstehenden Gehälter sogar schon zu Spielerstreiks, und ganze Spieltage fielen ins Wasser. Die Niveauunterschiede in der ersten spanischen Liga werden deshalb ständig größer.

Wie sieht nun eine Erstligapartie ohne Beteiligung der besseren Mannschaften aus? Meine Erfahrungen beziehen sich hier größtenteils auf Spiele in der *Romareda*, dem Stadion von *Real Saragossa*. Es gibt zwar keine wirklich guten Argumente dafür, in einem Kapitel über Sport ausgerechnet über das meist auf dem letzten Tabellenplatz firmierende Real Saragossa zu schreiben, aber die für mich geographisch leichte Erreichbarkeit des Stadions sowie das Fehlen eines gesonderten Kapitels über Elend oder unkoordinierte Bewegungen müssen als Ersatzgründe herhalten.
Wer ein Stadion in Spanien betreten will, muss zunächst einmal tief in die Tasche greifen. Wenn man nicht Vereinsmitglied ist, kosten die billigsten Eintrittskarten selbst beim Tabellenletzten der 1. Liga etwa 30 Euro. Dafür sitzt man dann allerdings recht nahe am Geschehen, denn es gibt keine Laufbahn, und wie in Südamerika trennt Spieler und Fans oft nur ein Wassergraben. Dieser ist jedoch meistens leer, wohl um zu verhindern, dass sich irgendjemand bei dem, was er für besagte 30 Euro zu sehen bekommt, ertränkt: Die meiste Zeit prügeln die Abwehrspieler den Ball etwa 50 Meter nach vorne und hoffen, dass durch irgendeinen Zufall ein Stürmer den Ball bekommt. Ist dies tatsächlich einmal der Fall, wird er dann von einem Abwehrspieler der jeweils anderen Mannschaft von den Beinen geholt. Aus der anschließenden Standardsituation ergibt sich mit viel Glück ein Tor. Während der spanische Fußball auf den ersten sechs bis sieben Rängen der Tabelle über

Bundesliganiveau liegt und das ist, was man sich unter spanischem Fußball im Allgemeinen auch vorstellt, ist das, was man von den anderen Mannschaften zu sehen bekommt, altbackener Kick-and-Rush wie vor sechzig Jahren. Trotzdem sind die Stadien stets gut gefüllt, selbst beim Tabellenletzten. Das lässt entweder darauf schließen, dass zwischen Fan und Verein eine wirkliche Treue besteht, oder es eine bedenklich hohe Anzahl von Menschen gibt, die an einem Sonnabend oder Sonntag nichts Besseres zu tun haben.

Was schließlich die Stimmung angeht, ist diese nicht so gut wie man erwarten könnte, selbst nicht bei den großen Mannschaften. Einem guten Freund schenkte ich einmal Eintrittskarten für die Champions League-Begegnung zwischen Madrid und Manchester im *Bernabéu*-Stadion. Zu meiner Überraschung saßen die Spanier während des Spiels dann alle gesittet und wohlerzogen auf ihren Plätzen – Stehplätze gibt es nicht – und Sprechchöre waren sehr selten. Da das Verbot des Alkoholausschanks im Stadion schließlich eines der wenigen Verbote ist, welches in Spanien eingehalten wird, kann die Stimmung nicht mit anderen europäischen oder südamerikanischen Ligen mithalten.

Es bleibt schließlich noch zu sagen, dass Real Saragossa trotz der Tatsache, dass es sicherlich über die schlechteste Erstligamannschaft in der Weltgeschichte des Fußballs verfügte, wie schon in den beiden Spielzeiten davor auch im Jahr 2012 nicht abgestiegen ist, sondern sich wieder mit viel Kampf am letzten Spieltag retten konnte. Mittlerweile habe ich daher wie alle Spanier zwei Lieblingsvereine: Durch meinen Aufenthalt in Barcelona halte ich im Streit um die Meisterschaft logischerweise zu Real Madrid, aber meine eigentliche Leidenschaft gilt den Anti-Fußballern aus Saragossa. Mit der auch für die Einwohner der Stadt charakteristischen Sturheit, auf die ich später noch komme, gibt sich die Mannschaft bis zum Schluss nie auf, was dazu beiträgt, den spanischen Fußball trotz der Niveauunterschiede spannend zu machen.

16. Eine Nation gibt den Vogel Strauß
Positives Denken mit negativen Folgen

Die Lebensfreude der Spanier ist buchstäblich und allgemein bekannt. Dies liegt nicht zuletzt an ihrer Art, die Dinge und Geschehnisse zu interpretieren: mit einem unverbesserlichen Optimismus, von dem sich die Menschen im Lande Schopenhauers und Nietzsches oft eine gehörige Scheibe abschneiden könnten.

Der Optimismus ist jedoch ein zweischneidiges Schwert, zumindest wenn er sich außer auf das eigene Leben auch auf gesellschaftliche Fragen bezieht. In Deutschland empfinden viele Menschen in ihrem Privatleben Zukunftsangst, können sich kaum entspannen und machen sich das Leben künstlich schwer, anstatt die Dinge etwas gelassener zu betrachten und in den Tag hinein zu leben. In Spanien verhindert der übersteigerte Optimismus auf gesellschaftlicher Ebene schlichtweg eine gewisse Selbsterkenntnis und realistische Fehleranalysen, die ein Antrieb für Veränderungen und Verbesserungen sein könnten: Als mich eine nette Angestellte meiner Bank fragte, ob ich nicht etwas Geld von meinem Girokonto in spanische Wertpapiere oder einen Sparplan der spanischen Regierung investieren möchte und ich ihr vor dem Hintergrund der finanziellen Situation des Landes antwortete, dass ich ja auch nicht daran denke, mir ins Knie zu schießen oder vom Dach eines Hochhauses zu springen, schaute sie mich verständnisvoll an: *„Ya, pero se vive bien"*, sagte sie dann - schon, aber man lebt doch gut. Gäbe es eine Hitliste der meistbenutzen Sätze in Spanien, wäre dieser mit Sicherheit unter den ersten zehn. Die Arbeitslosenquote liegt bei 25 %, aber man lebt doch gut. 22,5 % der spanischen Haushalte befinden sich unter der Armutsgrenze, aber man lebt doch gut. Die Qualität der Mietwohnungen ist unterirdisch, aber man lebt doch gut. Und irgendwo stimmt das ja auch. Werden wirtschaftliche und politische Themen einmal ausgeklammert - für viele andere Aspekte des Lebens gilt das auch und gerade im Vergleich mit Deutschland durchaus. Allerdings wird dieser Satz von den Spaniern auch als Ausrede benutzt, um nichts an jenen liebgewonnenen, aber gerade wirtschaftlich nicht haltbaren Gewohnheiten zu ändern, die in den vorigen Kapiteln schon ausgeführt wurden. Lieber flüchten sie sich in einen realitätsfernen Optimismus, ein Attribut, welches mit Sicherheit eines der bedeutendsten Elemente des spanischen Nationalcharakters darstellt.

Auf die Frage, was ihnen als moralischer Wert und im Zusammenhang mit der Einstellung zum Leben wichtig sei, geben viele meiner Bekannten *ilusión* an, Hoffnung beziehungsweise Träume. Bei einer anderen Auslegung kann man *ilusión* aber auch mit Selbstbetrug oder eben Illusion übersetzen. Ist diese Auslegung gemein? „Wie die spanischen Banken im Ausland gesehen werden, ist nicht fair. Wir haben auch viel richtig gemacht und bekommen das schon wieder hin", sagte eine Bekannte, die bei einer Bank arbeitet, welche in den letzten beiden Jahren vom spanischen Staat drei Mal dazu gezwungen wurde, mit anderen Instituten zu fusionieren, um die faulen Kredite besser kontrollieren zu können. Wenige Wochen später musste dann Europa den spanischen Banken unter die Arme greifen. Ein in der Politik tätiger Bekannter sagte im privaten Gespräch Folgendes: „In der derzeitigen Krise überleben vor allem die Unternehmen, die sich an ethische Grundsätze und Werte halten." Ja genau, und die Unternehmen, die die Lohnkosten drücken, die Produktion nach Asien verlegen und ihre Zubringer ausbeuten, gehen dann bestimmt in die Insolvenz. Weitere Beispiele für Selbsttäuschung und Illusion gibt es viele: Schon im Jahr 2008, als die ersten Einheimischen die Wirtschaftskrise erkannten, sagten mir meine baskischen Freunde, dass jetzt ein bis zwei schwere Jahre kommen werden, danach aber wieder alles seinen gewohnten Gang gehen wird. 2010 sagten mir dieselben Freunde, dass jetzt ein bis zwei schwere Jahre kommen werden, danach aber wieder alles seinen gewohnten Gang gehen wird. Sie ahnen schon, was mir jene Freunde im Jahr 2012 gesagt haben. Im Zuge dieser Äußerungen habe ich mich immer gefragt, ob meine spanischen Gesprächspartner und ich eigentlich über denselben Gegenstand sprechen. Es ist aber tatsächlich so, dass die meisten Spanier eben alles durch ihre Optimismus-Brille sehen und deswegen oft eine völlig andere Auffassung haben.

Wer hierbei nicht mitmacht, setzt sich sehr schnell dem Vorwurf des Defätismus aus. Realismus oder gar Pessimismus sind nicht nur dem Optimismus unterlegene Geisteshaltungen. Pessimisten und Realisten sind auch schlechte Menschen, da sie mit ihrer negativen Einstellung das Klima vergiften und die positive Energie des Optimisten neutralisieren. Daher sind in Spanien nur im ganz kleinen und engen Freundeskreis manchmal kritische oder zumindest nachdenkliche Töne zu hören.

Die Indoktrinierung rund um den Optimismus fängt dabei schon sehr früh an: Mir sind hier sogar Trickfilme für Kleinkinder untergekommen, in denen Lieder über die Notwendigkeit einer positiven Lebenseinstellung und darüber gesungen werden, dass sich alles zum Guten fügen wird, wenn man immer zuversichtlich ist. Neben Kleinkindern wird aber vor allem den Studenten der Handelsschulen und Wirtschaftsfakultäten des Landes Optimismus beigebracht. In Kursen, die den Decknamen „Personalwesen" oder auch „Strategie" tragen, ist das eigentlich beherrschende Thema der Erwerb einer positiven Grundeinstellung zu den Dingen. In diesem Zusammenhang wird auch immer noch der amerikanische Traum behandelt, nach dem jedermann vom Tellerwäscher zum Millionär werden kann, wenn er es nur will und sich Mühe gibt. In Spanien gibt es sogar real existierende Beispiele für diesen Traum: *Amancio Ortega*, der Besitzer der *Inditex*-Gruppe, begann seine Karriere mit 14 Jahren als einfacher Arbeiter in einem Bekleidungsgeschäft und gebietet heute als reichster Mann Europas über das größte Modeimperium des Kontinents, dem unter anderem die Marken Zara, Bershka, Pull&Bear und Massimo Dutti angehören. Der

Weg *Amancio Ortegas* und noch zwei bis drei weiterer Persönlichkeiten der spanischen Unternehmerwelt wird in der Wirtschaft geradezu beschworen und an ihm kommt niemand in einem Wirtschaftsstudium vorbei.

Ein weiteres Beispiel für Optimismus-Unterricht ist die persönliche und von ihm als beispielhaft zum Besten gegebene Geschichte eines Dozenten, welcher früher Basketballspieler war und auch die spanische Basketballnationalmannschaft der Frauen trainierte. Dieser Dozent erzählte ausführlich davon, wie einer seiner früheren Vereine ihn entließ und ihm nur 45 Minuten später ein neuer Job zu besseren Konditionen angeboten wurde. Die Moral der Geschichte: Du musst nur positiv denken und dann funktionieren die Dinge fast von alleine.

Jenseits der reichsten Männern ihrer jeweiligen Kontinente und jenseits von Basketballnationaltrainern: Für Normalsterbliche liegt die Gefahr eines übersteigerten Optimismus vor allem in einem damit einhergehenden kompletten Realitätsverlust, der besonders in Zeiten einer schweren Wirtschaftskrise nicht hilfreich ist. Dies betrifft zum einen die Arbeitgeber: Während einer Vortragsreihe zum Arbeitsmarkt der Zukunft behauptete beispielsweise die Führungskraft einer Zeitarbeitsfirma allen Ernstes, dass die Menschen heute gar keine festen Arbeitsverträge mehr wollen. Wenn man die Doktrin des bedingungslosen Optimismus zu Ende denkt, ist dies durchaus konsequent gedacht: Wenn so viele Menschen heute keine festen Arbeitsverträge mehr *haben*, dann kann dies nur bedeuten, dass sie dies auch nicht *wollen*. Dieselbe Dame stellte im weiteren Verlauf ihrer Ausführungen und aus ihrer optimistischen Sicht heraus folgerichtig die Theorie auf, dass das eigentliche Problem Spaniens sei, dass sich die Menschen zu viel über ihre Situation beklagen. Wenn sie ihre Energie darauf verwenden würden, ihre Situation zu verbessern, würde sich diese dagegen schnell zum Guten wenden. Dass eine Führungskraft einer Zeitarbeitsfirma solche Thesen aufstellt, ist angesichts ihrer Stellung noch relativ normal. Das Gefühl der Unzuständigkeit für gesamtgesellschaftliche Fragestellungen ist aber für das spanische Unternehmertum, wie ich es kennengelernt habe, durchaus repräsentativ. Im Sinne einer optimistischen Weltsicht, nach der sich schon alles fügen wird, ist die Übernahme von Verantwortung ja auch gar nicht notwendig.

Die Sorglosigkeit der Unternehmer kann auch auf einem anderen Feld beobachtet werden: der Einschätzung von Risiken. So führte ein im Projektmanagement tätiger Dozent aus, dass in Spanien bei der Planung von Projekten am Häufigsten vergessen wird, Risiken zu kalkulieren und Notfallpläne zu erstellen. Wer im Risikomanagement tätig ist, könnte ihm zufolge in Spanien viel Geld verdienen, da es dies bislang im Grunde genommen noch nicht geben würde.

Über die Arbeitgeber ist hier nun schon viel geschrieben worden. Bei den Arbeitnehmer und Normalverbrauchern sieht es mit dem Realismus aber in vielen Fällen auch nicht besser aus, denn die Hoffnung, dass die Baubranche wieder anzieht, für eine große Zahl unqualifizierter Arbeitsplätze sorgt und bald wieder gewinnbringend mit Immobilien spekuliert werden kann, ist noch sehr viel weiter verbreitet, als man nach sechs Jahren Krise annehmen möchte. Auch jemand, der heute noch Arbeit hat und sich mit dem Gedanken trägt, ein Auto für 30.000 Euro zu kaufen, obwohl er nur 20.000 Euro im Jahr verdient, wird nicht nur deshalb davon Abstand nehmen, weil die Zeiten schwer sind. Ihm selbst wird schon nichts passieren.

Egal welche Partei gerade am Ruder ist, legt schließlich auch die spanische Regierung ein ähnliches Verhalten an den Tag, indem sie die großen wirtschaftlichen Probleme des Landes gegenüber Europa und dem eigenen Volk immer erst dann zugibt, wenn es eigentlich schon zu spät ist, noch irgendetwas daran zu ändern. Im Zuge der Bankenkrise hieß es über Monate und Jahre, Spanien brauche kein Geld aus dem europäischen Rettungsfond. Nach langem Hin und Her gab der Premierminister *Rajoy* den Finanzierungsbedarf der Banken des Landes dann mit rund 15 Milliarden Euro an, zwei Wochen später sprach er dann schon davon, dass Spanien auf maximal

40 der 100 von der EU zur Verfügung gestellten Euro-Milliarden zurückgreifen müsse. Nachdem unabhängige Prüfer die fehlende Summe in den Bilanzen der Banken schließlich auf höchstens 62 Milliarden Euro bezifferten, titelte am nächsten Tag eine große spanische Tageszeitung stolz: „Die Banken brauchen nur 60 % des Kredits der EU." Natürlich hat dies einerseits mit dem bereits beschriebenen Phänomen des ehrenwerten Lügens zu tun, im Zuge dessen auch und gerade die Politiker unangenehme Wahrheiten immer nur dann scheibchenweise ans Licht bringen, wenn es sich nicht mehr vermeiden lässt. In Kombination mit der Optimismus-Doktrin glauben aber viele Spanier die ehrenwerten Lügen am Ende selbst und finden es dann tatsächlich positiv, wenn die spanischen Banken *nur* 60 Milliarden Euro in den Sand gesetzt haben.

Dies erklärt schließlich auch die semioffizielle und von weiten Teilen der Bevölkerung geteilte Meinung über die Wirtschaftskrise und über Deutschland: Die Krise kommt aus dem Ausland und das spanische Volk hat nichts falsch gemacht. Daher ist die von der EU verordnete und von Deutschland getragene Sparpolitik im Gegenzug für finanzielle Hilfeleistungen ungerecht. Während Spanien in der aktuellen Situation so weitermachen können sollte, wie bisher, ist Deutschland daher auch in der Pflicht, einen Schuldenschnitt zu erlauben und eine Art neuen Marshall-Plan aufzulegen. Es bereichert sich ja schließlich am Export von Maschinen und anderen Produkten nach Europa und daran, dass auch die meisten Spanier heute einen Volkswagen und keinen Seat mehr fahren. Die unterschwellige Drohung dabei lautet: Wenn ihr uns nicht weiterhelft, kaufen wir nicht mehr bei euch ein.

Richtig an dieser Argumentation ist, dass Deutschland als bedeutender Exporteur sowohl von der gemeinsamen Währung als auch vom freien Handel in der EU profitiert. Ob es aber ein Außenstehender war, der die Spanier zu ihrem Konsumverhalten und dazu gezwungen hat, 20 Jahre lang Häuser ohne jegliche reale Nachfrage zu bauen, Kredite zu verschenken und auch auf zahlreichen anderen Gebieten eine gigantische Misswirtschaft zu betreiben?

In einem hoffentlich auch am Ende dieser Krise noch auf dem Weg zur Einigung befindlichen Europa ist es fair, dass diejenigen, die es gerade können, anderen dabei helfen, eine schwierige Phase zu meistern. Es ist aber ebenso fair zu erwarten, dass die, die Unterstützung in Anspruch nehmen, nach Möglichkeit die Ursachen beheben, welche sie in diese Situation gebracht haben. Natürlich ist in diesem Rahmen auch ein gewisser optimistischer Unternehmergeist erforderlich, denn wenn man sich immer nur fragt, was alles Schlechtes geschehen könnte, unternimmt man am Ende gar nichts. Um aus der Vergangenheit lernen zu können, ist der nationale Verdrängungsprozess, den spanische Arbeitgeber, Arbeitnehmer und Politiker in seltener Einigkeit im Namen des positiven Denkens vorantreiben, jedoch kontraproduktiv. War das Wappentier Spaniens zu Zeiten der Habsburgerherrschaft der Doppeladler, wäre heute deshalb auch der Strauß wesentlich treffender.

17. Spanien, Spanien über alles...

...und vor allem über Marokko und die Kolonien

Vor dem eigentlichen Beginn des Kapitels über Patriotismus und das Auftreten der Spanier gegenüber anderen Nationen ist eine grundsätzliche Bemerkung angebracht: Es ist völlig normal, sein Land zu mögen und auch auf gewisse Dinge stolz zu sein. Natürlich ist der Ort, an dem man aufwächst, seine ersten Freunde kennenlernt und seine ersten wichtigen Erfahrungen macht, ein wichtiger Teil von einem selbst. Wer etwas anderes denkt, ist verklemmt. Dies bedeutet aber nicht, dass Nationalstolz als Ausrede dafür verwendet werden sollte, nichts in seinem Umfeld zu hinterfragen und alles als gottgegeben hinzunehmen. Genau dies tun jedoch die Spanier, die aus verschiedenen Motiven heraus davon überzeugt sind, frei nach Voltaire (den die Spanier schon deswegen nicht lesen würden, weil er Franzose war) im bestmöglichen aller Länder zu leben.

„Spanien ist anders." „In Spanien lebt man am besten." „Spanien hat als erstes Land der Welt soziale Sicherungssysteme eingeführt." „Spanien ist eine der bedeutendsten Mächte Europas." Derlei Aussagen, die wie im Fall der sozialen Sicherungssysteme auch frei erfunden sein können, bekommt man hier fast jeden Tag im Fernsehen, in den Zeitungen, von der Regierung und vor allem von den unzähligen Menschen vorgesetzt, die Spanien noch nie über einen längeren Zeitraum verlassen haben. Spanier loben ihr Land in der Tat ständig über den grünen Klee und blicken einen dann mit leuchtenden großen Augen und in der Erwartung an, dass man als Ausländer in den Jubelgesang einstimmt.

Leider verfehlt dieses Verhalten die intendierte Wirkung aber völlig: Hätten mir die Menschen in Uruguay jeden Tag erzählt, dass sie in allem die Größten und die Besten wären, und dass Uruguay das schönste Land auf Erden sei, hätte mich das bald abgeschreckt. Da sie dies dankenswerterweise zu keinem

Zeitpunkt getan haben, begann ich sehr schnell damit, selbst zu entdecken, was mir an diesem Land gefiel: seine tiefgründigen und freidenkenden, gleichzeitig aber bescheidenen und weltoffenen Menschen. Da Spanier nun ständig das tun, was Uruguayer nie tun würden, ist das eigenständige Entdecken der positiven Aspekte ihrer Kultur leider nicht möglich. Wie in Uruguay auch entdecke ich hier zwar fast jeden Tag Dinge, die mir gefallen. Durch die ständige Selbstbeweihräucherung gehe ich jedoch immer erst einmal davon aus, dass ich es mit einer leeren Behauptung zu tun habe, wenn mir Spanier etwas von ihrem Land anpreisen.

Dieses prahlerische Verhalten erklärt sich durch zwei Dinge: Für die Menschen, die außer Spanien nichts kennengelernt haben, ist das Land natürlich mangels Mitbewerbern in jedem Vergleich auf dem ersten Platz. Es steckt daneben aber auch noch etwas anderes hinter dem offensiv vorgetragenen Nationalstolz: Der griechische Philosoph Nikos Dimou schreibt über die Griechen, dass sie sich doppelt minderwertig fühlen, nämlich zeitlich gegenüber ihren großen Vorfahren und geographisch gegenüber den wirtschaftlich und politisch besser dastehenden anderen Ländern Europas. Dasselbe kann man auch über die Spanier sagen, denn ihre großen Vorfahren eroberten Amerika nicht nur. Nur wenige wissen, dass sie es über Jahrhunderte auch noch ziemlich gut und für die damaligen Verhältnisse sehr effizient verwalteten. Im Jahr 1898 verlor Spanien dann nach einem Krieg gegen die Vereinigten Staaten mit Kuba und den Philippinen die letzten beiden wichtigen Überseekolonien und schied aus dem Konzert der europäischen „Großmächte" aus, während der Abstand zu diesen Mächten auch wirtschaftlich immer bedeutender wurde. Beides haben die Spanier nie verwunden und ähnlich wie die Griechen sehen sie sich heute nicht nur gegenüber ihren Vorfahren sondern auch gegenüber dem größten Teil Europas im Hintertreffen. Aufgrund dieses Komplexes ist es den Spaniern so wichtig, Zuspruch von

Ausländern zu erfahren, und wenn dieser nicht von selbst kommt, fordern sie ihn aktiv ein.

Es ist auch das mangelnde Selbstbewusstsein, welches Kritik an Spanien von außen unter den Einheimischen als Todsünde erscheinen lässt und nicht selten die Verschlechterung der Beziehungen oder völligen Kontaktabbruch zur Folge hat. Dies ist ein Problem, da man sich automatisch dazu eingeladen fühlt, das Land zu kritisieren, wenn man über einen längeren Zeitraum mit der hier üblichen Großspurigkeit konfrontiert war. „Ich bin Spanier, worin soll ich Dich schlagen" (Soy español, ¿a qué quieres que te gane?), ist ein beliebter Ausspruch, der auf die sportlichen Erfolge des Landes abzielt. „Bei der Arbeitslosenquote und beim Schuldenmachen", antwortete ich hierauf nicht zur Freude meiner Gesprächspartner immer dann, wenn ich von der Prahlerei genervt war.

Neben der persönlichen Ebene manifestiert sich das mangelnde Selbstbewusstsein auch auf internationalem Niveau: So wurde in einem französischen Satireprogramm behauptet, dass die sportlichen Erfolge Spaniens nur auf Doping zurückzuführen seien. In den meisten Nationen hätte man nun wahrscheinlich bessere Dinge zu tun gehabt, als Satireprogramme anderer Länder zu kommentieren. Wenn den Franzosen nichts anderes einfällt, um den Umstand zu erklären, dass ihre Sportler keinen Erfolg haben, dann sollen sie doch so grün vor Neid werden, wie ihr Nationalsymbol: der Frosch. Da Spanien aber keine selbstbewusste Nation ist, fühlten sich die Spanier sofort angegriffen und deswegen ging eine Welle von antifranzösischem Nationalismus durch das Land, welche Politiker und Botschafter beider Länder wochenlang dazu nötigte, durch gemeinsame Bemühungen die Wogen zu glätten.

Was nun das generelle Verhältnis der Spanier zu ihrer Umgebung betrifft, gilt zunächst einmal festzustellen, dass sie wie die meisten anderen Völker aus zumeist geschichtlich bedingten Motiven ihre direkten Nachbarn nicht besonders mögen, was wahrscheinlich auch völlig normal ist. Den

Franzosen zum Beispiel hat man neben den Dopingvorwürfen vor allem Napoleons Invasion von 1807 nicht vergeben und betrachtet sie mit Argwohn, obwohl gleichzeitig viele Gesetze und Regelungen vom nördlichen Nachbarn übernommen werden.

Wie lustig die Vorurteile manchmal sind, zeigte mir ein Freund auf einer gemeinsamen Reise ins spanisch-französische Grenzgebiet: Im Grenzgebiet angekommen, warnte er mich ausdrücklich davor, Frankreich zu besuchen. Die Einheimischen seien unhöflich und gefährlich, alles sei viel teurer und überhaupt gibt es in Frankreich auch keine Autobahnen, so dass ich Wald und Wiesen überqueren müsse, um an einen zivilisierten Ort zu gelangen. Mir war zwar aus dem Schulunterricht bekannt, dass der bedeutendste Teil der französischen Infrastruktur sich auf den Großraum Paris konzentriert, aber dass es so schlimm um das ländliche Frankreich steht, hätte ich dann doch nicht gedacht. Gut, dass mich mein spanischer Freund aufgeklärt hat, ich wäre sonst womöglich noch von den schlechten Landstraßen abgekommen und von Eingeborenen mit Pfeil und Bogen überfallen worden, noch bevor ich zurück über die spanische Grenze hätte flüchten können!

Auf Portugal (Westspanien), Marokko (Südspanien) und die süd- und mittelamerikanischen Länder (Kolonialspanien) wird hingegen mit einer gewissen Verachtung geblickt, weil diese alle irgendwann einmal zu Spanien gehört haben, aber sich gegen einen Verbleib bei dem Land entschieden. Auch dies kratzt am Selbstbewusstsein der Spanier, die daher nur wenige Gelegenheiten ungenutzt lassen, ihre Nachbarn überheblich zu behandeln.

Worin äußert sich diese Haltung? Das *Gibraltar español* etwa ist eine nach wie vor aktuelle und Jahrzehnte nach dem Ende des Kolonialismus durchaus berechtigte Forderung der spanischen Politik und auch der Gesellschaft. Gleichzeitig schaffen es die Spanier aber bei diesem Gebietsanspruch gegenüber Großbritannien völlig auszuklammern, dass sie selbst mit den Städten *Ceuta* und *Melilla* zwei Exklaven in Marokko unterhalten und jede von Marokko angestrebte Verhandlung über den Status dieser beiden Städte ablehnen.

Ein anderes Beispiel ist der Umgang mit den Einwanderern aus den ehemaligen spanischen Kolonien. Viele Mittel- und Südamerikaner sind vor der Wirtschaftskrise auf der Suche nach einer besseren Zukunft in Spanien gestrandet. Wie auch die Gastarbeiter in Deutschland mussten sie dort in der Regel zunächst Arbeiten übernehmen, die niemand ausführen wollte. Anders als in Deutschland hätten viele Einwanderer aus Amerika durch die gemeinsame Sprache und ihre im Vergleich zu den Einheimischen in vielen Fällen bessere Ausbildung aber eigentlich auch die Chance, in großem Umfang gute Stellen zu besetzen. Dies wird jedoch nicht selten von Vorgesetzten verhindert, die lieber einen weniger qualifizierten Spanier befördern. Auch rümpfen die Einheimischen hinter dem Rücken ihrer ausländischen Kollegen oft die Nase über die Fremden und diese haben es daher schwer, Akzeptanz zu finden.

Mit fehlender Akzeptanz hat auch die wirtschaftlich erfolgreichste Einwanderergruppe zu kämpfen: Brauchen Sie eine neue Niere oder vielleicht eine Raumstation und haben gerade nur einen Euro in der Tasche? Kein Problem. Beim *Chino* gibt es bei gewissen Abstrichen bei der Qualität diese beiden Artikel und noch viel mehr zu einem Spottpreis. Angefangen hat alles mit City-Woks und den besagten 1-Euro-Läden, doch dabei blieb es nicht. Es wundert heute niemanden in Spanien, wenn einen beim Betreten einer urtypischen Bar plötzlich der chinesische Besitzer begrüßt. Ganze Straßenzüge und *polígonos industriales* - außerhalb der Stadt liegende Industrieviertel - haben mittlerweile nur noch chinesische Schriftzüge (außer in Katalonien, wo sie ihre Geschäfte auch auf Katalanisch beschriften müssen).

Die chinesische Übernahme Spaniens hat verschiedene Gründe. Zum einen kommen den Chinesen gesetzliche Regelungen zupass, nach denen jedes Geschäft mit weniger als 150 Quadratmetern Fläche solange öffnen kann, wie es will. Die chinesischen Familien nutzen diese Möglichkeit. Zum anderen können sie die zum Verkauf angebotenen Produkte billig von Verwandten in China erstehen. Schließlich sind sie auch schlicht und ergreifend fleißig. Nun können den Chinesen zwar kaum ihre Betriebsamkeit, die spanischen Gesetze oder der Umstand zum Vorwurf gemacht werden, dass viele Spanier nicht bereit sind, die Preise für in Europa hergestellte Waren zu zahlen. Auch über das Phänomen der Chinesen in der spanischen Wirtschaft sind die Einheimischen jedoch nicht glücklich und begegnen diesen Einwanderern mit Argwohn, weil auch deren Erfolg in Zeiten des allgemeinen Misserfolgs ein Faktor ist, der das eigene Selbstbewusstsein belastet.

Zusammenfassend wollen die Spanier aus einer historischen Verunsicherung heraus also vor allem anerkannt werden, aber es ist gerade dieses Streben nach Anerkennung, welches es so schwierig macht, sie anzuerkennen. Prahlerei und Überheblichkeit, welche auf anderen Gebieten eigentlich gar nicht typisch für sie sind, sind gerade in diesem Zusammenhang nur wenig sympathisch und tragen auch nicht dazu bei, den von den Spaniern so empfundenen Rückstand gegenüber ihren Vorfahren und ihren nördlichen Nachbarn wettzumachen.

Es gibt aber auch Licht am Ende des Tunnels: Viele Spanier, die jahrzehntelang im Ausland gelebt haben, geben trotzdem an, dass es ihnen in Spanien am besten gefällt. Diese Menschen tun dies nicht aus Überheblichkeit heraus, sondern weil sie den Vergleich hatten und für sich selbst eine qualifizierte Entscheidung treffen konnten. In diesem Zusammenhang hat die Wirtschaftskrise auch etwas Positives: Sie wird sehr viel mehr Spanier als bisher dazu anhalten, ihr Glück in anderen Ländern zu versuchen. Viele unter ihnen werden eines Tages zurückkommen und die Kunde in Spanien verbreiten, dass die Welt nicht bei den Pyrenäen und der Straße von Gibraltar aufhört, und dass Spanien zwar sicher nicht das bestmögliche aller Länder ist, es aber trotzdem viele Dinge gibt, die das Land attraktiv machen und ein gesundes Selbstbewusstsein rechtfertigen.

18. Mein Saragossa

(K)eine Hommage

Wenn man über Saragossa schreibt, drängt sich zunächst eine Frage auf: Warum sollte man dies tun wollen? Auf den ersten und auch auf den zweiten Blick gibt es hier eigentlich nichts Besonderes.

Den Deutschen dürfte die Stadt allenfalls durch das hier in der Nähe in *Figeruelas* gelegene Opel-Werk bekannt sein, die Hauptstütze der Wirtschaft in Aragonien. Der amerikanische Konzern General Motors wollte dieses Werk während der Wirtschaftskrise in Deutschland bekanntlich trotz aller finanziellen Anreize der Bundesregierung nicht schließen, die um den Bestand der deutschen Werker nicht zu gefährden genau darauf abzielten. In diesem Zusammenhang durfte ich einmal im kleinen Kreis einem Vortrag des hiesigen Produktionschefs von Opel lauschen und ihm zufolge ist es tatsächlich so, dass die Fabrik nach dem Musterwerk im thüringischen Eisenach die produktivste in ganz Europa sei. Das bedeutet zwar noch gar nichts, denn wie bereits erläutert wurde, wird ein Spanier immer von sich und von Waren aus seinem Land behaupten, dass sie die Besten seien. In diesem Fall war der Produktionschef allerdings Mexikaner, was das Ganze schon glaubwürdiger macht...

Klimatisch betrachtet ist Saragossa ein lebensfeindlicher Ort, denn es liegt in einer Wüste. Wer von Madrid nach Barcelona fliegt, kann dies ganz gut nachvollziehen, wenn er aus dem Fenster schaut: Nach Madrid kommt erst ein menschenleeres, bräunliches Nichts, dann kommt Saragossa und dann wieder das Nichts. Da wo es wieder grün wird und nach Leben aussieht, ist Katalonien. Die Trockenheit ist dem Umstand geschuldet, dass es in Saragossa nur zwei Arten von Wetter gibt: *Wind* und *keinen Wind*. Meistens ist allerdings *Wind* vorherrschend und wenn ich *Wind* sage, meine ich damit eigentlich eher einen orkanartigen Sturm, der in Deutschland dazu geeignet wäre, die Ziegel von den Dächern zu fegen. Auf diese Weise werden die Wolken alle nach Katalonien oder in die Berge geweht und es herrscht in Saragossa fast nie so lange *kein Wind*, dass sich einmal genug Wolken für einen ordentlichen Regen sammeln würden. Dies hat auch den Nebeneffekt, dass der Himmel in den kürzeren Phasen, in denen es im Sommer *keinen Wind* gibt, meist völlig blau und wolkenlos ist, was es bei einer Entfernung von mehreren hundert Kilometern zum nächsten Meer unerträglich heiß werden lässt. Der Schweiß fließt auch dann in Strömen, wenn man sich nicht bewegt, und selbst mein aus Ghana stammender Friseur beklagt sich bitter über das hiesige Wetter - derjenige, der den glorreichen Einfall gehabt hat, ausgerechnet hier eine Stadt zu gründen, war daher wohl kein Klimatologe. Immerhin fließt durch Saragossa aber der *Ebro*, der einzige spanische Fluss, der diesen Namen auch verdient. Die anderen Rinnsale, die in einem Anfall von Größenwahn als „Flüsse" bezeichnet werden, können in der Regel bequem mit einem etwas größeren Schritt überquert werden.

Wer hat die Stadt eigentlich gebaut? Auch wenn es hier schon vorher eine Siedlung der Iberer gab, wurde Saragossa im eigentlichen Sinne von den Römern als *Colonia Caesaraugusta* gegründet. Nach den Römern und den längere Zeit auf der iberischen Halbinsel herrschenden Westgothen besetzten dann im Jahr 714 die Mauren den Ort und nannten ihn *Saraqusta*.
Auch Karl der Große kam auf einem seiner Eroberungszüge einmal hier vorbei. Er fand das, was die Stadt zu bieten hatte, aber nur wenig attraktiv und machte sich daher wieder auf den Rückweg über die Pyrenäen. Selbst der spanische Nationalheld *El Cid*, der auch den Beinamen Maurenschlächter (*Matamoros*) trägt, wohnte eine Weile hier und schlachtete aus wenig heldischen wirtschaftlichen Motiven im Auftrag des Sultans Al-Mutamin von Saraqusta Christen. Nach der Eroberung der Stadt durch die Könige von Aragonien im Jahre 1118 wurde sie dann

in *Zaragoza* umbenannt. In der spanischen Schreibweise ist Saragossa damit eine der wenigen Städte der Welt, in denen der Buchstabe „Z" zwei Mal vorkommt - das ist immerhin eine Besonderheit

Nach 1118 passierte dann erst einmal lange Zeit überhaupt nichts. In den Napoleonischen Kriegen wurde Saragossa dann niedergebrannt, weil die Stadt sich den Franzosen nicht ergeben wollte, und 2008 fand hier eine Weltausstellung statt, was finanziell gesehen ein ähnliches Desaster war.

Der Umstand, dass Saragossa eine Weltausstellung ausrichtete, hilft auch jenen, die noch nie hier waren, die Stadt einordnen zu können: Wie Hannover ist Saragossa zu unbedeutend, um eine nennenswerte Zahl Besucher auch ohne Weltausstellung anziehen zu können, jedoch ist die Stadt trotzdem noch nicht so hässlich, dass sie wie Essen zur Europäischen Kulturhauptstadt ernannt werden würde.

Was kann ein Tourist in Saragossa tun? Nun, er kann das Auto, den Zug oder den Bus nehmen (Einen Flughafen gibt es wie in jeder anderen spanischen Stadt natürlich auch, aber es starten kaum Flüge.), an einen anderen Ort fahren und sich dort etwas Sehenswertes anschauen. Neben dem üblichen Größeren Platz mit Rathaus und Kirche sowie einer arabischen Burg, *der Aljafería*, in der heute das Regionalparlament tagt, hat Saragossa touristisch nichts zu bieten.

Die Stadt behauptet von sich selbst zwar, über 600.000 Einwohner zu haben, es ist jedoch nicht klar, wer wie auf diese Zahl gekommen ist, denn hier herrscht absolutes Kleinstadtleben: Alle Entfernungen können einigermaßen leicht zu Fuß zurückgelegt werden und wenn man in seinem Viertel für den Wocheneinkauf die kurze Distanz zum Supermarkt zurücklegt, trifft man unterwegs mindestens vier Menschen, die man kennt, selbst dann, wenn man dort insgesamt nur vier Menschen kennt.

Die Bewohner Saragossas und Aragoniens werden *Maños* genannt, was von *hermano*, dem Bruder, abgeleitet wird. Es herrscht ein starker Zusammenhalt unter diesen Brüdern und Schwestern, der andere manchmal auch ausschließt. So gibt es im Provinzparlament beispielsweise zwei starke regionalistische Parteien, die den Nachbarprovinzen gerne einmal den Zugang zu Trinkwasser aus den Pyrenäen streitig machen wollen, deren Ziel es aber wenigstens nicht ist, sich vom Rest Spaniens abzuspalten. Ein weiteres Beispiel für die Bedeutung des Regionalpatriotismus ist das Konsumverhalten: So weisen in den Läden große Werbeschilder auf die wenigen in Aragonien hergestellten Produkte hin, und diese erfreuen sich in der Folge eines großen Absatzes. Die hier hergestellte Biermarke *Ambar* kommt in der ganzen Provinz beispielsweise auf einen Marktanteil von über 50 %, hat im restlichen Spanien aber kaum Bedeutung. Wenn getestet werden soll, ob Geschäftsideen und Produkte in Spanien funktionieren, werden sie ob der Fokussierung der Einheimischen auf regionale Produkte auch meistens in Saragossa getestet: Wenn sie bei den *Maños* trotzdem gut ankommen, kommen sie bei jedem gut an.

Ein recht sympathischer, aber manchmal gleichzeitig anstrengender Zug der Einheimischen ist es auch, keine Fremden gewohnt zu sein. „Wir treffen uns in der Straße bei dem McDonald's", sagte mit eine Freundin am Telefon, worauf ich ihr entgegnete, dass es nirgendwo in dieser Straße eine McDonald's-Filiale gibt. „Ja, ich weiß. Aber vor sechs Jahren war da mal eine", antwortete sie dann - Menschen aus Saragossa können sich nur schwer vorstellen, dass es irgendjemanden gibt, der die letzten sechs Jahre nicht in ihrer Stadt gelebt hat.

Neben dem Konsumverhalten und dem Umgang mit Fremden ist schließlich auch das Migrationsverhalten der Einwohner Saragossas etwas provinziell: Sehr viele Menschen hier sind aus den umliegenden Dörfern zugezogen oder haben dort ihre Verwandten. Wochen- und monatelang freuen sie sich darauf, wieder aufs Dorf (*al pueblo*) zu fahren und diese Verwandten und die anderen Kindheitsfreunde wiederzutreffen.

Für die meisten von ihnen stellt das auch eine große Reise dar, denn im Ausland oder auch nur in einer anderen Provinz waren sie kaum. Dauerhaft in eine andere Region zu ziehen ist sowieso äußerst unüblich.

Sind die Maños dann doch einmal in der Fremde, erkennt man sie an ihrem Dialekt, in welchem die die Endungen der Wörter bei gleichzeitiger Steigung der Tonhöhe langgezogen werden (*Juegooo, Puebloooo,...*). Dieses Phänomen ist wohl dem Umstand geschuldet, dass man sich auch bei *Wind* verständlich machen muss.

Als bedeutendste Eigenschaft der *Maños* ist jedoch ihre Sturheit zu nennen: Als ich einmal Freunden dabei half, mit einem Pickel ein Loch für die Standbeine einer Schaukel in den aragonischen Boden zu hacken, welcher aus einer Mischung aus Granit und noch härterem Gestein besteht, taten mir hinterher natürlich alle Knochen weh. Meine Freunde meinten dazu nur trocken: „Wenn Du von hier wärst, hättest Du das Loch mit dem Kopf gegraben."

Die Sturheit gilt außer für die Freunde von Erdarbeiten und dem bereits erwähnten Fußballclub *Real Saragossa*, welcher einfach nicht absteigen will (obwohl es dann 2013 schließlich doch soweit war), insbesondere für die Damenwelt. Ein mir flüchtig bekannter Universitätsprofessor aus Madrid, welcher mit einer Dame aus Saragossa verheiratet ist, meinte dazu einmal, dass er sich immer dann daran erinnert, dass seine Gattin aus Saragossa stammt, wenn er mit ihr streitet. Die Stadtheldin *Agustina* hielt während der Belagerung Saragossas durch die Franzosen alleine eine wichtige Position, nachdem die Männer bereits geflohen waren, und feuerte die Kanonen solange auf die herannahenden Franzosen ab, bis die Männer, die nicht der Feigheit bezichtigt werden wollten, wieder zurückkehrten und die Position schließlich halten konnten. Auch meine eigenen Erfahrungen mit den zwölf weiblichen Angestellten meiner damaligen Schuh-Filiale ließen mich zu dem Schluss kommen, dass niemand von sich behaupten sollte, Mut zu haben, solange er sich nicht einmal in seinem Leben einer Frau aus Saragossa in ihrem gerechten Zorn entgegengestellt hat. Aufgrund der mit Sturheit gepaarten Brüderlichkeit, die unter den *Maños* herrscht, war Saragossa für meinen ehemaligen Arbeitgeber dann auch ein rotes Tuch, denn niemand unter den Geschäftsführern und sonstigen Vorgesetzten wurde von den Angestellten mit derselben anbiedernden Freundlichkeit behandelt, wie sie sie aus anderen Städten gewohnt waren. In Saragossa wird man nur danach bewertet, wie man als Mensch und ohne seine Titel ist, was ich für einen der sympathischsten und ehrenwertesten Züge der Maños halte, was für manche aber wohl nicht besonders erbaulich ist.

Nach diesem kurzem Abriss über Klima, Geschichte, Sehenswürdigkeiten und Gesellschaft sei an dieser Stelle noch einmal die Frage wiederholt: Warum sollte man über Saragossa schreiben? Nun, nachdem mein erster Aufenthalt hier ähnlich wie in dem französischen Film *Willkommen bei den Sch'tis* einer Strafversetzung geschuldet war, habe ich mich nach dem Zwischenspiel in der vermeintlich höchst attraktiven Metropole Barcelona immerhin aus freien Stücken dazu entschieden, wieder in der Stadt des Windes zu leben. Einerseits hatte dies natürlich mit dem Preisniveau und der daraus resultierenden Lebensqualität zu tun. Neben Barcelona, wo eine eigenartige Mischung aus selbsternannten alternativen Künstlern, Touristenhorden, schmierigen Geschäftsleuten und Separatisten zusammenkommt, ist das Leben in Saragossa auch angenehm normal. Das würde aber letztlich für viele andere Städte gelten und erklärt noch nicht, warum ich in der Zeit, in der ich in Spanien nicht in Saragossa gewohnt habe, immer traurig geworden bin, wenn ich auf der leeren Mautautobahn an der Stadt vorbeifuhr. Ich konnte mir das selbst lange nicht erklären, bin aber zu dem Ergebnis gekommen, dass mich die Stadt als alten Berliner in vielerlei Hinsicht an meine eigene Heimat erinnert, wie sie war, bevor man damit anfing, die Häuser herauszuputzen, die Regierung dorthin zu verlegen, Bioeis- und Fahrradläden en masse zu eröffnen und rheinischen Karneval zu feiern: die leicht heruntergekommenen Häuser; der primitiv klingende Dialekt; die geographische Lage in einer lebensfeindlichen Umgebung, also entweder der aragonischen Wüste oder der brandenburgischen Steppe; die überflüssige Straßenbahn; der schlechte Fußball,...

Vor allem aber ist der zum Teil schon beschriebene raue Charme der Einwohner vergleichbar. Eine Bekannte aus Saragossa fragte mich einmal danach, wie die Berliner seien, worauf ich mit „stur, grob und unfreundlich" antwortete. Meine Gesprächspartnerin lachte und sagte: „Dann seid ihr ja so wie wir." Dieser raue Charme erschließt sich einem allerdings erst sehr langsam und wie die meisten anderen von außen kommenden Menschen fand ich Saragossa daher anfangs ganz furchtbar. Mit der Zeit ergaben sich jedoch Gemeinsamkeiten zwischen den Maños und mir und ich ertappte mich zunehmend dabei, sie gegen diejenigen, die mit ihrer Art nichts anfangen können, in Schutz zu nehmen. In der Tat sind sie, wenn man sie erst einmal kennt und ihnen gegenüber genauso auftritt, wie sie das auch tun würden, ähnlich wie die Berliner, mit deren Art viele Menschen auch nicht umgehen können, zwar immer noch stur und grob. Gleichzeitig sind sie jedoch auch hilfsbereit, witzig und treu, und so ist der Umstand, dass ich in Spanien nur ungern an einem anderen Ort als Saragossa wohnen wollen würde, letztlich dem Charakter der *Maños* geschuldet.

Obwohl ich die Menschen hier mag und gerne hier bin, ist dieses Kapitel aber keine Hommage. Mit einer Hommage würde man den *Maños* nämlich gar keinen Gefallen tun, denn sie sind nicht daran interessiert, dass eine größere Anzahl Menschen dahinterkommt, dass sie eigentlich ganz in Ordnung sind. Auf diese Weise können sie den ursprünglichen Charakter Saragossas bewahren und sich das Schicksal der Berliner in Ost und West ersparen, die ihre eigene Stadt heute nicht mehr wiedererkennen.

Schlussbetrachtungen

Sind Spanier und Deutsche kompatibel?

An den Anfang vom Ende gehört eine Danksagung: Mein erster Dank im Zuge der Vollendung dieses Werkes gilt den Spaniern. Es ist ganz objektiv festzustellen, dass ein Buch über sie ohne sie nicht möglich gewesen wäre. Im Speziellen danke ich allen, mit denen ich in der Vergangenheit die eine oder andere surreale Erfahrung machen oder deren erstaunliche Erzählungen ich hören durfte. Auf diese Weise wurden mir die Anekdoten und Ideen geliefert, die ich in den verschiedenen Kapiteln satirisch und analytisch aufgearbeitet habe.

Die Schwierigkeit eines satirischen Buches besteht vor allem darin, den Text nicht zu sehr ins Aggressive, Beleidigende oder Kränkende abgleiten zu lassen, aber den Humor gleichzeitig auch nicht so aufzuweichen, dass er einem höchstens noch ein müdes Lächeln abringen kann. Ich hoffe, dieser Balanceakt ist mir mehrheitlich gelungen, beschreibt er doch gleichzeitig auch recht gut eine grundsätzliche Schwierigkeit, mit der ich in meinem Verhalten gegenüber meinen Gastgebern konfrontiert bin. Auch wenn viele meiner Erfahrungen hier positiv und witzig waren und ich neue Freundschaften geschlossen habe, fühle ich mich manchmal noch immer so, als würde ich nicht nur aus einem anderen Land, sondern aus einer anderen Galaxie als die Spanier kommen. Es gibt in solchen Momenten mehrere Möglichkeiten, zu reagieren: Einerseits sind viele der befremdlich erscheinenden Sitten letztlich sympathisch oder es ist zumindest möglich, mitzumachen oder sie zu respektieren. So achte ich mittlerweile wie alle anderen Menschen in Aragonien darauf, vor allem regionale Produkte einzukaufen, kann mich für den spanischen Fußball begeistern, besuche das eine oder andere Dorffest und schimpfe über Katalanen und Franzosen.

In einem diesem Buch ähnelnden Werk mit dem Titel „Darum nerven Japaner" kommt der Autor Christoph Neumann andererseits zu dem Schluss, dass wir „aus reiner

Menschenfreundlichkeit oder politischer Korrektheit ...nicht jeden Quatsch respektieren" müssen. Auch dies ist richtig und gerade der Blick von außen hilft dabei, Dinge zu hinterfragen, die die Einheimischen als völlig normal empfinden, die dann aber vielleicht doch nicht ganz so normal sind. Die Gefahr, die Gastgeber hierbei vor den Kopf zu stoßen, ist jedoch recht groß, denn die Balance zwischen Hinterfragen und Beleidigen gelingt mir (auch) jenseits dieses Buches nicht immer.

Der Blick auf Spanien von außen ist wiederum dadurch konditioniert, dass hier ein Deutscher und kein Italiener oder Amerikaner schreibt. Es ist dabei natürlich ein Stück weit problematisch, von den Spaniern oder den Deutschen als Kollektiv zu sprechen, da diese wie andere Nationen auch heterogene Gruppen sind, in denen man die verschiedensten Charaktere und Persönlichkeiten antreffen kann. Dennoch glaube ich an die Existenz eines Nationalcharakters und daran, dass bestimmte Eigenschaften und Auffassungen in einem Land durch Traditionen und Erziehung einfach häufiger vorkommen als in anderen.

Auf den ersten Blick sind die spanisch-deutschen Beziehungen zwar gut: Jährlich machen etwa 10 Millionen Deutsche an Spaniens Stränden Urlaub. Außerdem gibt es zahlreiche Austauschstudenten und rund 500.000 Deutsche leben dauerhaft hier, sei es, um zu arbeiten, sei es, um ihren Lebensabend hier zu verbringen. Die Quadratschädel (*cabeza cuadrada*), wie die Deutschen hier genannt werden, erfreuen sich in der spanischen Volksmeinung dabei eines recht klischeehaft guten Rufes. In einem von Vetternwirtschaft und von zahlreichen anderen soziopolitischen und ökonomischen Problemen geprägten Land gelten sie als korrekt und hochqualifiziert, und Deutschland gilt als Beispiel politischer Stabilität und wirtschaftlicher Stärke.

Die guten Beziehungen sind aber tatsächlich eher darauf zurückzuführen, dass man jenseits von Vorurteilen nur sehr wenig übereinander weiß. Auf deutscher Seite pflegen weder der

Urlauber noch der ohne Sprachkenntnisse in Spanien lebende Rentner einen engeren Kontakt mit Einheimischen und auch Erasmus-Studenten haben ein recht unvollständiges Bild, weil sie sich zumeist in einem großstädtischen Umfeld mit zahlreichen Ausländern bewegen. Auf der anderen Seite sind natürlich auch die Spanier nicht das reisefreudigste oder sprachbegabteste Volk, wie hier an vielen Stellen deutlich geworden ist. Der Kontakt zwischen Spaniern und Deutschen ist daher in Wirklichkeit recht begrenzt.

Bei näherer Betrachtung erscheinen Spanien und Deutschland dann tatsächlich auch als ein einziger Gegensatz: Optimismus ohne Grundlage gegen Pessimismus und ständige Existenzangst; die Familie als Schutz vor dem Leben gegen die Familie als Vorbereitung für das Leben; Hurra-Patriotismus gegen Vergangenheitsbewältigung; Irrationalismus und Korruption gegen den moralischen Imperativ und Regelhörigkeit; usw. Wenn man von völlig unterschiedlichen Prämissen und Prinzipien ausgeht, ist Kommunikation manchmal immer noch unmöglich, auch wenn man genau weiß, wie das Gegenüber tickt.

Es ist daher im Grunde genommen konsequent, dass das bilaterale Verhältnis in der jüngeren Vergangenheit wesentlich schlechter geworden ist - jeder verfällt in der aktuellen Krise in seine althergebrachten Denkmuster: Die Spanier geben Deutschland die Schuld an den Einschnitten und Kürzungen in ihrem Land, während die Deutschen fürchten, vom Süden in einen in den Abgrund führenden Strudel gezogen zu werden. Anders gesagt: Wäre die Europäische Union ein leckgeschlagenes Schiff, würde ein Spanier versuchen, seine Schuld an der Verursachung des Lecks abzustreiten, während der Deutsche sich am liebsten schon mit dem Rettungsboot zu Wasser gelassen hätte. Beide Haltungen sind wenig hilfreich, um gemeinsam das Boot zu reparieren.

Können sich also Spanier und Deutsche gar nicht verstehen? Das wäre eine zu deprimierende Auffassung. Wenn man nicht auf Biegen und Brechen in eingefahrenen Denkschemen verharrt und ein wenig gegen das eigene Naturell ankämpft, kann man sich vom anderen viel abschauen. Dies ist in beide Richtungen gültig. Ich selbst habe hier zum Beispiel gelernt, den Spaß am Leben nicht immer aus Karrieregründen und Vorwärtsstreben auf eine ferne Zukunft zu verschieben und alles etwas entspannter zu sehen. Man muss deswegen ja nicht gleich unvorsichtig werden.

Den meisten Spaniern geht ein Kritikfähigkeitsgen jedoch ab. Sollte dieses Buch eines Tages einem von ihnen in die Hände fallen, wäre die Wahrscheinlichkeit, dass er sich angegriffen fühlt, daher auch sehr hoch. Ein Vorwurf, der mir dann mit Sicherheit gemacht werden würde, ist der, dass ich die Einheimischen in ihrem spanischen Wesen, welches sie so besonders und einzigartig macht, und welches sich nie ändern wird oder sollte, einfach nicht verstehe. Für manche der Thesen, die ich hier aufgestellt habe, gilt dies vielleicht, für die meisten jedoch nicht: Wenn Spaniens Städte mit Bankfilialen geradezu zugepflastert sind, dann liegt das nicht am spanischen Wesen oder daran, dass hier eine ach so tolle Servicekultur herrscht, wie die Spanier einem weismachen wollen, sondern daran, dass es zu viele Banken und zu wenig andere Wirtschaftszweige gibt. Da gibt es nichts, was nicht verstanden werden könnte.

Um in diesem Zusammenhang abschließend noch einmal auf die immer wieder angesprochenen wirtschaftlichen Schwierigkeiten des Landes zurückzukommen: Die ökonomische Überlebensfähigkeit Spaniens wird in der Tat davon abhängen, ob es in der Lage ist, aus eigenen Fehlern zu lernen. Dies hat in erster Linie überhaupt nichts mit den bereits verabschiedeten, teilweise von Brüssel oder Deutschland empfohlenen Reformen rund um Bankenaufsicht, Sozialkürzungen und die Flexibilisierung des Arbeitsmarktes zu tun und würde darüber hinaus weder den spanischen Staat, noch den (ehrlichen) Steuerzahler oder Europa Geld kosten: ein ernstgemeintes Vorgehen gegen Schwarzarbeit, Steuerhinterziehung und Immobilienspekulation; eine weniger autokratische und auf

Freundschaften basierende, dafür aber aufrichtigere und konkordantere Unternehmenskultur; die Förderung von geographischer Mobilität und einem Leben zur Miete; eine konsequente Anwendung von geltendem Recht; ein verbessertes Ausbildungssystem; die gezielte Unterstützung zukunftsträchtiger Wirtschaftszweige, die nichts mit der Banken- und der Baubranche zu tun haben...Sollten die Iberer in der Lage sein, auf diesen Gebieten wesentliche Fortschritte zu erzielen, könnten die anderen europäischen Länder bedenkenlos für die Schulden Spaniens garantieren und der dortigen Wirtschaft im Rahmen eines Wachstumsprogrammes einen Anstoß geben. Das bloße Hineinpumpen von Geld in das Land ohne die dortige Bereitschaft zu einem gewissen Wandel wäre jedoch kontraproduktiv, da sich die heutige kritische Situation in kürzester Zeit wiederholen könnte und wiederholen würde. Der Ball liegt momentan also in der Hälfte der Spanier und eigentlich sollte dies einer Nation, die viel Wert auf ihre Souveränität legt, ja auch gefallen.

Der Autor:

Lukas Rottnick wurde 1984 geboren und lebte bis zu Abitur und Baccalauréat in Berlin, wo das Französische Gymnasium nicht verhindern konnte, dass er sich mit der romanischen Kultur anfreundete. Folgerichtig entschied er sich nach dem Studium der Politikwissenschaften in Potsdam dafür, Deutschland den Rücken zu kehren und Schuhverkäufer in Spanien zu werden. Außerdem studierte er dort auch das, was den Spaniern momentan am meisten fehlt: Wirtschaft. Seine derzeitige Aufgabe besteht darin, spanische Jugendliche für eine Berufsausbildung in Deutschland zu gewinnen.